STUDIES AND TEXTS

44

A EULOGY OF JAMES
THE BROTHER OF THE LORD

BY PSEUDO-ANDREW OF CRETE

WITH AN ANCIENT PARAPHRASE OF
THE CATHOLIC EPISTLE OF SAINT JAMES

EDITION, TRANSLATION AND CRITICAL NOTES

BY

JACQUES NORET

WITH THE COLLABORATION OF

HERMAN GASPART

PONTIFICAL INSTITUTE OF MEDIAEVAL STUDIES
TORONTO 1978

UN ÉLOGE DE JACQUES
LE FRÈRE DU SEIGNEUR

PAR UN Pseudo-André de Crète

AVEC UNE PARAPHRASE ANCIENNE DE
L'ÉPÎTRE CATHOLIQUE DE SAINT JACQUES

ÉDITION, TRADUCTION ET NOTES CRITIQUES

PAR

JACQUES NORET

AVEC LA COLLABORATION DE

HERMAN GASPART

INSTITUT PONTIFICAL D'ÉTUDES MÉDIÉVALES
TORONTO 1978

BS
1454
.J3
E43
1978

Cet ouvrage a été publié grâce à une subvention
de la Fédération canadienne des études humaines,
dont les fonds proviennent du
Conseil de recherches en sciences humaines du Canada.

Données de catalogage avant publication (Canada)

Vedette principale au titre:

Un Éloge de Jacques, le frère du Seigneur

(Studies and texts — Pontifical Institute of Mediaeval Studies ; 44 ISSN 0082-5328)

Traduction de: Bios kai Martyrion tou hagiou Iakobou tou apostolou kai adelphou tou Kyriou (en alphabet romain).

Texte en grec et en français.

Bibliographie: p.
Comprend des index.
ISBN 0-88844-044-8

1. Jacques, saint, frère du Seigneur.   2. Saints — Biographies.   I. André, saint, archev. de Crète, c.660-740.   II. Noret, Jacques, 1939-
III. Collection: Pontifical Institute of Mediaeval Studies.   Studies and texts — Pontifical Institute of Mediaeval Studies : 44.

BS2454.J3B5 1978   225.9´24   C78-001140-6

PONTIFICAL INSTITUTE OF MEDIAEVAL STUDIES
59 Queen's Park Crescent East
Toronto, Ontario, Canada M5S 2C4

IMPRIMÉ PAR UNIVERSA, WETTEREN, BELGIQUE

Avant-propos

En tant que «frère» de Jésus, quelle que soit la manière exacte dont on conçoit cette parenté, le personnage de Jacques a quelque chose d'intriguant. On voudrait mieux le connaître, et entrer ainsi quelque peu dans la famille, le milieu qui vit grandir Jésus de Nazareth.

Comme frère de Jésus, Jacques a, on le sait, joué un rôle de premier plan dans les premières années de l'Église, parmi les Judéo-Chrétiens. On se rend compte aujourd'hui qu'en triomphant le christianisme issu de la gentilité a éliminé bien des documents et nous a presque barré l'accès à un groupe de Chrétiens qui pouvait certainement revendiquer autant que d'autres la fidélité à la doctrine et à l'esprit de Jésus.

Pendant trois siècles au moins, une sorte de *damnatio memoriae* tacite a frappé, dans la plus grande partie de l'Église, celui dont l'évangile gnostique de Thomas, de son côté, osait écrire, que «le ciel et la terre ont été faits pour lui» (§ 12). L'outrecuidance même de cette prétention, par contraste avec le peu que nous savons de Jacques, nous montre combien la tradition ecclésiastique a éliminé le rameau judéo-chrétien et les documents qu'il a produits.

Le texte ici édité et étudié ne peut en rien faire progresser notre connaissance historique de ce personnage énigmatique et attirant. Tout ce qu'il nous dit et qui n'est pas dans le Nouveau Testament est emprunté à Eusèbe de Césarée. Son intérêt, plus modeste, est ailleurs : d'abord, c'est un témoin de la vénération pour Jacques, telle qu'elle a refleuri quand le temps eut fait oublier qu'il avait été le chef du parti opposé à Paul ; ensuite, à côté des quelques données biographiques traditionnelles, ce texte contient un des rares commentaires grecs — avec de longues citations — de l'épître catholique qui, à tort ou à raison, porte le nom de Jacques.

Comme les responsables de l'*Editio Maior Critica* du Nouveau Testament, s'apprêtant à éditer précisément cette épître, recherchent à cet effet toutes les citations connues du texte jusqu'au ixe siècle, à la demande expresse de M. l'Abbé Jean Duplacy, j'ai hâté la mise au point d'une édition critique de ce petit commentaire, dont A. Papadopoulos-Kerameus avait, en 1891, donné l'édition princeps, basée sur le seul ms. *Sabaiticus 27*.

Si je viens de parler de mise au point, c'est qu'à l'origine de ce livre il y a un mémoire de licence en philologie classique présenté à l'Université de Liège par M. Herman Gaspart. C'est ce dernier qui a présenté le premier — sous forme dactylographiée — une édition critique, une traduction et un commentaire du texte. Celui-ci a été omis et remplacé ; quant à l'édition critique et à la traduction, elles ont été en tous points vérifiées et ont été amendées plus ou moins selon les endroits. C'est d'ailleurs avec M. Gaspart que nous avons relu un à un tous les manuscrits pour éviter toute faute dans l'édition. Si, comme il est probable, malgré toutes ces précautions, des erreurs ont échappé, c'est que ... *errare humanum est.*

Je ne voudrais pas terminer cet avant-propos sans remercier le P. Halkin et le P. Devos, qui, selon une bonne et vieille habitude de la Société des Bollandistes, ont bien voulu relire ce travail et me faire à son propos, comme d'habitude, maintes remarques judicieuses.

Bruxelles, 1er juillet 1977   Jacques NORET.

Sigles

Act. SS.   *Acta Sanctorum.* Anvers, puis Bruxelles, 1643-1940.

Anal. Boll.   *Analecta Bollandiana.* Bruxelles, 1882—.

BHG   François HALKIN, *Bibliotheca hagiographica Graeca.* 3 vol. Bruxelles, 1957³ (= *Subsidia hagiographica*, 8a).

CC, Ser. Lat.   *Corpus Christianorum*, Series Latina. Turnhout, 1954—.

P.G.   *Patrologiae cursus completus ... Series Graeca ...* accurante J.-P. MIGNE. Paris, 1857-1866.

P.O.   *Patrologia Orientalis.* Paris, puis Turnhout, 1907—.

Ouvrages cités en abrégé

ABEL, *Histoire de la Palestine* = F.-M. ABEL, *Histoire de la Palestine depuis la conquête d'Alexandre jusqu'à l'invasion arabe*, t. II : *De la guerre juive à l'invasion arabe*. Paris, 1952 (= *Études bibliques*).

ASSEMANI, *Bibliotheca Orientalis* = Joseph Simonius ASSEMANUS, *Bibliotheca Orientalis Clementino-Vaticana...*, 4 vol. Rome, 1719-1728.

BRÉHIER-AIGRAIN, *La conquête arabe* = Louis BRÉHIER et René AIGRAIN, *Grégoire le Grand, les États barbares et la conquête arabe (590-757)*. Paris, 1938 (= *Histoire de l'Église depuis les origines jusqu'à nos jours* publiée sous la direction de Augustin FLICHE et Victor MARTIN, 5).

Catal. cod. hag. Graec. Paris. = Hagiographi Bollandiani et Henricus OMONT, *Catalogus codicum hagiographicorum Graecorum Bibliothecae Nationalis Parisiensis*. Bruxelles, 1896.

Catal. cod. hag. Graec. Vat. = Hagiographi Bollandiani et Pius FRANCHI DE' CAVALIERI, *Catalogus codicum hagiographicorum Graecorum Bibliothecae Vaticanae*. Bruxelles, 1899.

Clemens Alexandrinus. 3. Band = *Clemens Alexandrinus*. Dritter Band. Stromata Buch VII und VIII, Excerpta ex Theodoto, Eclogae Propheticae, Quis dives salvetur, Fragmente, herausgegeben ... von Dr. Otto STÄHLIN. Leipzig, 1909 (= *Die griechischen christlichen Schriftsteller der ersten drei Jahrhunderte*, 17).

DELEHAYE, *Hagiographie napolitaine* = Hippolyte DELEHAYE, *Hagiographie napolitaine*, dans *Anal. Boll.*, t. 57 (1939), p. 5-64.

DELEHAYE, *Passions* = Hippolyte DELEHAYE, *Les Passions des martyrs et les genres littéraires*. Bruxelles, 1966² (= *Subsidia hagiographica*, 13 B).

DELEHAYE, *Synaxarium* = Hippolytus DELEHAYE, *Synaxarium Ecclesiae Constantinopolitanae e codice Sirmondiano nunc Berolinensi, adiectis synaxariis selectis*. Bruxelles, 1902 (= *Propylaeum ad Acta Sanctorum Novembris*).

DEVREESSE, *Anciens commentateurs* = Robert DEVREESSE, *Les anciens commentateurs grecs des psaumes*. Vatican, 1970 (= *Studi e Testi*, 264).

DEVREESSE, *Chaînes* = Robert DEVREESSE, *Chaînes exégétiques grecques*, dans *Dictionnaire de la Bible. Supplément* publié sous la direction de Louis PIROT, t. I (1928), col. 1084-1233.

DEVREESSE, *Coislin* = Robert DEVREESSE, *Le fonds Coislin*. Paris, 1945 (= Bibliothèque Nationale. Département des manuscrits. *Catalogue des manuscrits grecs*, II).

DMITRIEVSKIJ, *Τυπικά* = Алексѣй ДМИТРІЕВСКІЙ, *Описаніе литургическихъ руко-*

писей хранящихся въ библіотекахъ православнаго востока. Томъ I: *Ту-πικά.* Часть I. Kiev, 1895.

EHRHARD, *Ueberlieferung* = Albert EHRHARD, *Ueberlieferung und Bestand der hagiographischen und homiletischen Literatur der griechischen Kirche.* 3 vol. Leipzig, 1937-1952 (= *Texte und Untersuchungen zur Geschichte der altchristlichen Literatur,* 50 à 52).

FERON-BATTAGLINI, *Codices Ottoboniani* = Ernestus FERON et Fabianus BATTAGLINI, *Codices manuscripti Graeci Ottoboniani Bibliothecae Vaticanae ...* Rome, 1893.

GARITTE, *Calendrier* = Gérard GARITTE, *Le calendrier palestino-géorgien du Sinaiticus 34 (Xe siècle).* Bruxelles, 1958 (= *Subsidia hagiographica,* 30).

HALKIN, *Inédits byzantins* = François HALKIN, *Inédits byzantins d'Ochrida, Candie et Moscou.* Bruxelles, 1963 (= *Subsidia hagiographica,* 38).

HALKIN, *Manuscrits grecs de Paris* = François HALKIN, *Manuscrits grecs de Paris. Inventaire hagiographique.* Bruxelles, 1968 (= *Subsidia hagiographica,* 44).

HAUSSLEITER, *Analekten* = Johannes HAUSSLEITER, *Analekten zur Geschichte der alten Kirche,* dans *Zeitschrift für Kirchengeschichte,* t. 14 (1894), p. 69-76.

JANIN, *Les églises et les monastères* = *La Géographie ecclésiastique de l'Empire byzantin.* Première partie : *Le siège de Constantinople et le patriarcat œcuménique.* Tome III : *Les églises et les monastères,* par Raymond JANIN. Paris, 1969² (= *Publications de l'Institut Français d'études byzantines*).

Jérusalem nouvelle = *Jérusalem. Recherches de topographie, d'archéologie et d'histoire.* Tome second : *Jérusalem nouvelle,* par les PP. Hugues VINCENT et F.-M. ABEL. Paris, 1914.

Kirchengeschichte (Die) = *Eusebius Werke.* Zweiter Band : *Die Kirchengeschichte* herausgegeben ... von Dr. Eduard SCHWARTZ. *Die lateinische Uebersetzung des Rufinus* bearbeitet ... von Dr. Theodor MOMMSEN. 2 vol. Leipzig, 1903-1908 (= *Die griechischen christlichen Schriftsteller der ersten drei Jahrhunderte,* 9, I et II).

LAMBROS, *Κατάλογος* = Σπυρίδων Π. ΛΑΜΠΡΟΣ, *Κατάλογος τῶν ἐν ταῖς βιβλιοθήκαις τοῦ Ἁγίου Ὄρους ἑλληνικῶν κωδίκων.* 2 vol. Cambridge, 1895-1900.

LATYŠEV, *Замѣтки* = В. В. ЛАТЫШЕВЪ, *Замѣтки къ агіологическимъ текстамъ,* I, dans *Извѣстія отдѣленія русскаго языка и словесности императорской академіи наукъ,* t. XIII, 2 (1908), p. 133-140.

OMONT, *Inventaire sommaire* = Henri OMONT, *Inventaire sommaire des manuscrits grecs de la Bibliothèque Nationale.* 4 vol. Paris, 1886-1898.

PAPADOPOULOS-KERAMEUS, *Ἀνάλεκτα* = Α. ΠΑΠΑΔΟΠΟΥΛΟΣ-ΚΕΡΑΜΕΥΣ, *Ἀνάλεκτα Ἱεροσολυμιτικῆς Σταχυολογίας ...* 5 vol. Saint-Pétersbourg, 1891-1898.

PAPADOPOULOS-KERAMEUS, *Ἱεροσολυμιτικὴ βιβλιοθήκη* = Α. ΠΑΠΑΔΟΠΟΥΛΟΣ-ΚΕΡΑΜΕΥΣ, *Ἱεροσολυμιτικὴ βιβλιοθήκη ἤτοι κατάλογος τῶν ἐν ταῖς βιβλιοθήκαις τοῦ ἁγιωτάτου ἀποστολικοῦ τε καὶ καθολικοῦ ὀρθοδόξου πατριαρχικοῦ θρόνου τῶν Ἱεροσολύμων καὶ πάσης Παλαιστίνης ἀποκειμένων ἑλληνικῶν κωδίκων.* 5 vol. Saint-Pétersbourg, 1891-1915.

Renoux, *Jérusalem 121* = Athanase Renoux, *Le codex arménien Jérusalem 121.* I. *Introduction*..., dans *P.O.* 35 (Turnhout, 1969), p. 1-215 ; II. *Édition*..., dans *P.O.* 36 (Turnhout, 1971), p. 139-388.

Silvagni, *Neapolis* = Angelo Silvagni, *Monumenta epigraphica christiana saeculo XIII antiquiora quae in Italiae finibus adhuc exstant.* Vol. IV, fasc. I. *Neapolis.* Vatican, 1943.

Stratos, *Tò Βυζάντιον* = Ἀνδρέας Ν. Στρατος, *Tò Βυζάντιον στὸν ζ' αἰῶνα.* 6 vol. Athènes, 1965-1977.

Tarchnischvili, *Grand Lectionnaire* = Michel Tarchnischvili, *Le grand lectionnaire de l'Église de Jérusalem (Ve-VIIIe siècle).* 2 tomes de traduction. Louvain, 1959-1960 (= *Corpus scriptorum christianorum orientalium*, 189 et 205 ; *Scriptores Iberici*, 10 et 14).

I

Préliminaires à l'édition

1. LES DOCUMENTS DE BASE

Le texte ici édité (*BHG* 766) est conservé, à notre connaissance, dans onze manuscrits grecs. De plus, on dispose au moins d'une traduction ancienne, en slavon russe.

a. Les manuscrits grecs

I   *Athos, Iviron 426*, fol. 79-91v.

Le codex, à peine mentionné par Sp. Lambros,[1] a été soigneusement décrit par A. Ehrhard,[2] qui y a reconnu un ménologe tardif, indépendant du Métaphraste. Tant Lambros que Ehrhard datent le volume du XVIIe s.

E   *Athos, Pantocrator 40*, fol. 141v-149v.

Ce *Vierteljahresmenologium* prémétaphrastique allant de septembre au 5 décembre est à peine indiqué par Sp. Lambros;[3] par contre, il a été décrit de manière détaillée par Ehrhard,[4] qui le date du XIe s.[5] et montre que la collection qu'il transmet ne peut, telle quelle, être antérieure à la fin du IXe s.: elle contient en effet une homélie de Georges de Nicomédie, contemporain de Photius, sur la Présentation de la Vierge au temple (*BHG* 1108).

A   *Athos, Philotheou 9*, fol. 326-332v.

Ce codex comprend, entre autres, aux f. 208-368, les restes de ce qui fut probablement un *Dritteljahresmenologium* pour septembre à décembre. Mentionné d'abord par Sp. Lambros,[6] le volume a été en-

---

[1] *Κατάλογος*, t. 2, p. 145.
[2] *Ueberlieferung*, t. 3, p. 450-451.
[3] *Κατάλογος*, t. 1, p. 97.
[4] *Ueberlieferung*, t. 1, p. 385-388.
[5] Sp. Lambros datait le ms. du XIIIe s. La datation d'Ehrhard me semble correcte.
[6] *Κατάλογος*, t. 1, p. 151.

suite décrit par Ehrhard;[7] ces deux auteurs s'accordent pour dater le ms. du XIᵉ s.[8]

D   *Athos, Protaton 2*, fol. 105v-110.

Dans ce ms., décrit avec soin par Lambros[9] et par Ehrhard,[10] qui le datent tous deux du XIᵉ s., on reconnaît une collection ménologique contenant à la fois des textes métaphrastiques et d'autres, prémétaphrastiques.

H   *Jérusalem, Saint-Sabas 27*, fol. 304v-316.

Ce volume renferme, entre autres, aux fol. 203-416, les restes d'un ménologe prémétaphrastique pour la seconde moitié du mois d'octobre. La collection a été décrite par A. Papadopoulos-Kerameus[11] et par Ehrhard;[12] tous deux datent le ms. du XIᵉ s.

C'est l'unique témoin que Papadopoulos-Kerameus ait utilisé pour son édition princeps de notre texte.[13]

O ⸶*Ochrida, Musée National 4*, p. 297-302.

Décrit une première fois par V. Mošin,[14] le ms. l'a encore été par le Père Fr. Halkin.[15] D'après l'écriture, il ne peut en aucun cas être postérieur au Xᵉ s.; Mgr P. Canart l'a bien remarqué, dont l'avis est rapporté par le P. Halkin; de même, M. Garitte.[16] Pour ma part, je crois que le ms. date d'avant 950.

Dans ce ms., le texte que nous étudions se présente sous une forme abrégée et remaniée (*BHG* 766m) dont on ne connaît aucun autre témoin et qui a été éditée par le P. Halkin.[17]

C   *Paris, Bibliothèque Nationale, Coislin 110*, fol. 116-123.

Décrit bien des fois de manière plus ou moins détaillée,[18] ce ms. est

[7] *Ueberlieferung*, t. 1, p. 353-355.

[8] Ehrhard pense que le ms. date de la fin du XIᵉ s. Je crois pour ma part que la première moitié du siècle s'indiquerait mieux.

[9] *Κατάλογος*, t. 1, p. 1-2.

[10] *Ueberlieferung*, t. 3, p. 132-135.

[11] *Ἱεροσολυμιτικὴ βιβλιοθήκη*, t. 2, p. 50-58.

[12] *Ueberlieferung*, t. 1, p. 462-464.

[13] *Ἀνάλεκτα*, t. 1, p. 1-14.

[14] *Les manuscrits du Musée national d'Ochrida*, dans *Recueil de Travaux*, Ochrida, Musée national, 1961, p. 231.

[15] Dans *Anal. Boll.*, t. 80 (1962), p. 7-9.

[16] Cf. *Byzantion*, t. 32 (1962), p. 64; *Anal. Boll.*, t. 83 (1965), p. 256.

[17] *Inédits byzantins*, p. 13-19. Dans son article du t. 32 (1962) de *Byzantion*, cité à la note précédente, M. Garitte a montré que la recension de la Vie de S. Grégoire l'Illuminateur présente dans le ms. 4 d'Ochrida est, elle aussi, connue par ce seul témoin.

[18] Les principales descriptions sont les suivantes: *Catal. cod. hag. Graec. Paris.*, p. 291-293; EHRHARD, *Ueberlieferung*, t. 1, p. 464-468; DEVREESSE, *Coislin*, p. 110-112; HALKIN, *Manuscrits grecs de Paris*, p. 248-249.

toujours daté du xie s. Ehrhard y a reconnu un ménologe prémétaphrastique pour la seconde moitié du mois d'octobre; cette collection,
telle quelle, ne peut avoir été rassemblée avant le xe s.[19]

Le volume a fait partie jadis de la bibliothèque du monastère
athonite d'Esphigmenou;[20] plus tard, il a appartenu au chancelier
Séguier (1588-1672), puis à Coislin; il est enfin passé à Saint-
Germain-des-Prés, et de là à la Bibliothèque Nationale.

P *Paris, Bibliothèque Nationale, ms. grec 1485*, fol. 58-64.

Ce codex a lui aussi été décrit plusieurs fois;[21] on le date toujours du
xe s. Il s'agit d'un *Vierteljahresmenologium* prémétaphrastique pour
septembre à novembre. Le ms. a appartenu jadis à la collection de
Colbert (ms. 505).

R *Vatican, ms. grec 1190*, fol. 127v-131.

Ce ms. gigantesque a été achevé en Crète en 1542; plus tard, il a été
offert à Paul v (1605-1621). Décrit deux fois,[22] il présente la plus importante collection hagiographique non ménologique que l'on con-
naisse en grec.

Ce manuscrit offre la particularité, pour le texte qui nous occupe,
d'avoir laissé tomber tout le prologue; c'est ce qui a amené le P.
Halkin à lui donner un numéro spécial (766d) dans la *BHG*. A côté de
cela, le texte a subi quelques retouches mineures: nous y reviendrons
en parlant du stemma.[23]

V *Vatican, Ottobonianus gr. 422*, fol. 245-254.

Ce manuscrit, qui transmet une collection non ménologique, a été
copié en 1004 par le moine Théophane d'Iviron;[24] offert à Benoît xiii
en 1726,[25] il a été décrit plusieurs fois avec plus ou moins de soin.[26]

---

[19] Cf. EHRHARD, *Ueberlieferung*, t. 1, p. 467.

[20] En effet, dans la marge extérieure du f. 221, on lit encore: βιβλίον τοῦ ἐσφιγμένου.

[21] Les principales descriptions se trouvent dans: OMONT, *Inventaire sommaire*, t. 2,
p. 61-62; *Catal. cod. hag. Graec. Paris.*, p. 166-168; dans ces deux ouvrages, notre texte,
acéphale, a échappé à l'inventaire. Il n'en va pas de même dans EHRHARD, *Ueberlieferung*,
t. 1, p. 377-380; HALKIN, *Manuscrits grecs de Paris*, p. 179-180.

[22] *Catal. cod. hag. Graec. Vat.*, p. 102-115 (on y lira le colophon et le début de la lettre
de dédicace à Paul v); EHRHARD, *Ueberlieferung*, t. 3, p. 608-609 et 870-873.

[23] Cf. ci-dessous, p. 20.

[24] Sur ce scribe, de qui nous avons gardé 10 mss — dont 7 datés —, cf. J. IRIGOIN, *Pour
une étude des centres de copie byzantins, II*, dans *Scriptorium*, t. 13 (1959), p. 200-204.

[25] Par deux moines athonites en visite à Rome; l'un d'eux était l'higoumène d'Iviron
(cf. ibid., p. 200, n. 3).

[26] ASSEMANI, *Bibliotheca orientalis*, t. 3, pars 2a, p. CMLV-CMLVI; FERON-BATTAGLINI,
Codices Ottoboniani, p. 234-236; *Catal. cod. hag. Graec. Vat.*, p. 291-293; EHRHARD,
Ueberlieferung, t. 3, p. 793-794.

W *Weimar, Zentralbibliothek der deutschen Klassik zu den nationalen Forschungs- und Gedenkstätten der klassischen deutschen Literatur, ms. Q 729*, fol. 101v-114v.

Ce ms., que j'ai redécouvert en 1969,[27] a été bien décrit par K. Treu.[28] Il présente une collection hagiographique concernant presque exclusivement les apôtres. Avec W. Froehner (1835-1925), qui le possédait déjà en 1894 et le légua à la Bibliothèque de Weimar, K. Treu le date du xɪᵉ s.[29] Depuis 1969, disposant de nouvelles photos, j'ai pu constater que le ms. a été possédé jadis par un clerc de Trimithonte en Chypre et par le monastère de Saint-Jean-Lampadistès dans la même île.[30]

b. La version en slavon russe

Cette traduction nous a été conservée dans les *Великія Минеи Четіи* compilés de 1532 environ à 1552 par Macaire, archevêque de Novgorod puis métropolite de Moscou. Elle a été éditée dès 1880,[31] avant donc l'édition princeps du texte grec.

2. Le stemma

Dans toute la démonstration qui suit, nous prenons des exemples relativement frappants; chaque fois, ces exemples se détachent sur un fond de

[27] *Anal. Boll.*, t. 87 (1969), p. 79-83.

[28] Dans *Philologus*, t. 117 (1973), p. 114-117.

[29] Pour ma part, je daterais plutôt le document d'entre 970 et 1025.

[30] Au f. 180, on lit en effet, écrits d'une main qui pourrait dater du xvᵉ s., les mots suivants: Τὸ αὐτὸν βιβλίον, ἢ περίοδ < ος > τῶν ἁγίων ἀποστόλων ἔν < εστι > τοῦ πάπ < α > Λούκα τοῦ Γιόργ < ιου > ἐν χωρίω Τρεμεθουσίας καὶ ἀπ᾽ οὗ νὰ τὸ πάρη νὰ ἐπιτιμᾶτ < αι > εἰς τὰς ἀρὰς τῶν ἀρῶν. Et d'une main plus tardive et plus maladroite: τὸ παρὸν βιβλίον ἔνι τοῦ ὁσίου Ἰω < άν > νου τοῦ Λαμπαδίστου, καὶ εἴ τις βουληθῆ συλῆσαι τοσοῦτον βιβλίον, νὰ ἔχη τὰς ἀρὰς τῶν τριακοσίων δεκὰ καὶ ὀκτὼ (ms.: οτχο) θεοφόρων καὶ τὸ ἀνάθεμα, avec le nom Ἰωαννίκιος ἱεροδιάκονας.

[31] L'«археографическая коммиссія» de Saint-Pétersbourg a commencé à éditer les *Великіа Минеи Четіи* du métropolite Macaire en 1868. Le texte qui nous occupe se lit dans le 6ᵉ tome (19-31 octobre), aux col. 1802-1818. L'édition se base principalement sur le ms. slave 987 de l'ancienne Bibliothèque Synodale de Moscou, aujourd'hui conservée au Musée Historique de la même ville (cf. Т. Н. Протасьева , *Описание рукописей синодального собрания не вошедших в описание А. В. Горского и К. И. Невоструева*, I, Moscou, 1970, p. 177); ce ms. était l'exemplaire impérial (Царский, improprement appelé Успенский) du ménée d'octobre. En apparat on trouve des variantes tirées de deux mss du fonds de Ste Sophie de Novgorod, aujourd'hui conservé à la Bibliothèque Saltykov-Scedrin de Léningrad; l'un des deux — il nous a été impossible de déterminer sa cote — est l'exemplaire Софийский des Ménées de Macaire pour le mois d'octobre; le second porte le n° 1385 dans ce fonds.

variantes nombreuses qui les corroborent, et les conclusions que nous tirons ne rencontrent aucune contre-indication majeure.

a. Les manuscrits A et C dépendent d'un ancêtre commun qui leur est propre

i. En effet, non seulement ils ont plusieurs fois des leçons qui les opposent à tout le reste de la tradition (cf. ii: 4, iii: 4, v: 23, vii: 2 et 4, ix: 10, etc.), mais ils présentent également, plus claire, une faute commune par saut du même au même, en vii: 16.

Leçon de A et C[32]	Leçon du reste de la tradition[33]
Τοὺς εὐθυμοῦντας προσεύχεσθαι, τοὺς ἀσθενοῦντας ἐλαίῳ μετὰ προσευχῆς ἱερέων ἀλείφεσθαι.	Τοὺς εὐθυμοῦντας ψάλλειν ἐδίδαξεν, τοὺς ἀθυμοῦντας προσεύχεσθαι, τοὺς ἀσθενοῦντας ἐλαίῳ μετὰ προσευχῆς ἱερέων ἀλείφεσθαι.

Le passage de l'Épître de Jacques ici paraphrasé montre que la leçon correcte est celle de la majorité des manuscrits; l'Épître distingue en effet les gens heureux et les malheureux et le conseil de προσεύχεσθαι est donné aux malheureux: Κακοπαθεῖ τις ἐν ὑμῖν ; προσευχέσθω · εὐθυμεῖ τις ; ψαλλέτω · ἀσθενεῖ τις ἐν ὑμῖν ; προσκαλεσάσθω τοὺς πρεσβυτέρους τῆς ἐκκλησίας καὶ προσευξάσθωσαν ἐπ' αὐτὸν ἀλείψαντες ἐλαίῳ ... (5, 13-14).

A et C dépendent donc d'un même ancêtre; remarquons d'ailleurs que ces mss proviennent tous deux de monastères athonites, le premier de Philotheou, le second d'Esphigmenou; de plus, tous deux renferment des collections hagiographiques prémétaphrastiques.

ii. Cependant, A ne dépend pas de C, ni C de A.

En effet, chacun des deux mss offre des variantes individuelles suffisamment nettes et nombreuses pour assurer qu'il ne se trouve pas dans l'ascendance de l'autre. On verra, par ex., pour A: i: 22, vi: 5, 19 et 22, viii: 8, etc. Et pour C: i: 3, 9, et 42, ii: 11, iii: 1, vi: 16, etc.

iii. Nous aboutissons donc au schéma suivant:[34]

---

[32] Le saut du même au même ayant entraîné la chute du verbe principal ἐδίδαξεν, C a vu l'incohérence de la phrase et a réintroduit un διδάσκει entre εὐθυμοῦντας et προσεύχεσθαι.

[33] A l'intérieur de cette tradition, il existe, pour le passage en cause, quelques variantes sans importance; on les trouvera dans l'apparat critique de l'édition.

[34] Dans tous les stemmas qui suivront, une minuscule représente toujours un (ou plusieurs) chaînon(s) postulé(s) mais perdu(s); une majuscule, un ms. conservé.

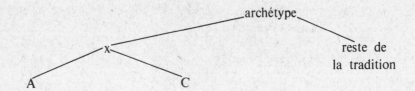

b. *Les manuscrits V, I, D et E dépendent eux aussi d'un ancêtre qui leur est propre*

i. D'abord, ils ont souvent des leçons qui les opposent à tout le reste de la tradition: cf. ı: 47 et 48, ııı: 4, ıv: 32, vı: 8, etc.

Mais, plus clairement, en x: 31, ces 4 mss présentent une faute commune évidente: au lieu d'avoir ὧν προκατῆρχεν ὁ Ἄνανος, ils ont ὧν προκατῆρχεν ὁ ἅγιος, attribuant ainsi à Jacques lui-même la direction des sectes qui ont cherché à tuer Paul. Le contresens éclate quand la phrase s'achève, puisqu'on obtient finalement: τινὲς οὖν τῶν ἑπτὰ αἱρέσεων ὧν προκατῆρχεν ὁ ἅγιος (c'est-à-dire Jacques) ... τῆς ἐλπίδος καθ' ἣν ἐξήρτυον Παύλῳ τὴν ἐπιβουλὴν ἐκπεσόντες, ἐπὶ Ἰάκωβον τρέπονται τὸν ἀδελφὸν τοῦ Κυρίου.

Notons de nouveau que la famille de 4 mss ainsi définie correspond elle aussi à une unité géographique: les 4 mss sont athonites. D appartient au Protaton, E à Pantokrator, I à Iviron, et V a été copié dans ce même monastère d'Iviron. Nous avons donc affaire à une seconde famille athonite de mss.

ii. Dans cette famille, on remarque immédiatement que I (transcrit au xvııᵉ s.) dépend de V (daté de 1004); il est probable qu'en I, l'éloge de Jacques a été copié directement sur V. En effet, sauf quand il a une leçon qui lui est tout à fait individuelle, I suit V dans les moindres détails: le titre, par ex., est identique — et Dieu sait pourtant si les titres sont flottants —; et des fautes évidentes comme, en ıx: 23 (τῷ καθολικῷ pour τῶν καθολικῶν), et en xıı: 4 (ὁ Ζεβεδαῖος Ἰάκωβος pour ὁ Ζεβεδαίου Ἰάκωβος), se retrouvent dans les deux mss à l'exception de tout autre.

En conséquence, nous n'avons pas noté les variantes de I dans l'apparat critique de notre édition.

iii. Il nous reste donc à grouper les uns par rapport aux autres les mss D, E et V. Dans ces 3 témoins, D et E forment un sous-groupe: on le voit aisément grâce à un certain nombre de variantes qu'ils ont en propre par opposition à tout le reste de la tradition, par ex. en ı: 11 (γιγνομένας), en ıv: 37 (l'omission de προφήτης), en vıı: 12 et en x: 1-2.

A l'intérieur de ce petit sous-groupe, D ne dépend pas de E (cf. les leçons individuelles de celui-ci, en ı: 38, 43 et 44, en ıı: 6, en ıv: 37, etc.), ni E de

D (cf. les leçons «uniques» de D: dans le titre, et en xi: 26; ce sont les seules leçons de D qui nous empêchent de croire que E dépend de D; la rareté exceptionnelle des fautes propres à ce dernier ms. montre avec quel soin il a été copié).

Enfin, ce sous-groupe DE ne dépend pas de V, car ce dernier ms. a de nombreuses leçons individuelles (mais qui sont évidemment passées en I): cf. i: 6, 30, et 35; la longue omission en i: 39-43; etc.

iv. A ce stade de notre démonstration, nous pouvons donc développer ainsi notre stemma:

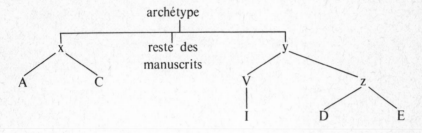

c. *Les manuscrits H et P dépendent d'un ancêtre commun qui leur est propre*

i. Ces deux mss ont beaucoup de leçons par lesquelles ils s'opposent à tout le reste de la tradition: cf. i: 32 et 39, ii: 6 et 9-10, iii: 4, iv: 23, 31 et 35, etc.

Mais, plus clairement, ils ont en commun un saut du même au même, en x: 31-32, de Ἄνανος à Ἄνανος, qui montre que ces similitudes proviennent d'un ancêtre commun disparu.

ii. Cependant, ni H ne dépend de P, ni inversément. En effet, chacun des deux mss a des leçons qui lui sont absolument individuelles. Pour H, cf. i: 40, ii: 9, iii: 5, vii: 5, etc. Pour P, cf. i: 39-40, 42, 43 et 48, iv: 2 et 6, etc.

iii. Nous pouvons donc ajouter une nouvelle branche à notre stemma:

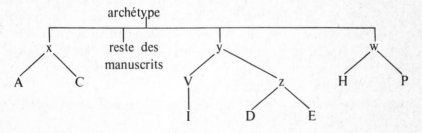

d. La famille HP et la famille VIDE descendent toutes deux d'un ancêtre
commun qui leur est propre

i. Nous rencontrons en effet très souvent des leçons attestant la parenté de ces 6 manuscrits: cf. IV: 35, V: 24, VI: 8, 10 et 20, VII: 19, VIII: 12, IX: 6, etc.

Une faute évidente, en VI: 20, où le mot ἀνόνητον a été déformé en ἀν(θρωπ)ονόητον[35] — ce qui n'a pas de sens dans le contexte — permet d'affirmer que les deux familles déjà établies ont un ancêtre commun; ainsi s'expliquent les nombreuses similitudes relevées plus haut.

ii. Nous pouvons donc une fois de plus perfectionner le stemma:

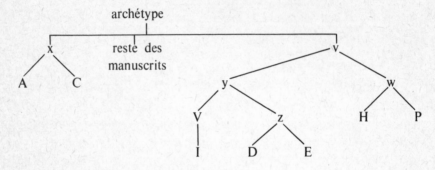

e. Les manuscrits O, R et W dépendent eux aussi d'un ancêtre commun qui
leur est propre

Note préliminaire: Ici, la comparaison des témoins devient légèrement plus difficile. En effet,

(1°) R a laissé tomber tout le prologue et remanié (légèrement, il est vrai, et surtout par ajouts) le reste du texte;

(2°) W a un texte très peu correct; les fautes y foisonnent, dénotant chez le scribe — par ailleurs fidèle — une mauvaise connaissance du grec littéraire;

(3°) O n'a gardé de notre texte qu'une partie restreinte: un remanieur a éliminé, par ex., tout le commentaire de l'épître catholique; il a fait subir au texte une autre transformation majeure en transportant au début l'éloge de Joseph qui venait en queue. Enfin, ici encore, le scribe commet beaucoup de fautes; cependant, là où le texte est resté indemne de remaniements ou de fautes stupides, il est de grande valeur.

Dans cette section de notre démonstration, le texte sur lequel nous

---

[35] V a ici retrouvé la leçon originale, ce qui n'était pas très difficile, le sens du passage étant obvie.

pouvons nous baser est donc plus restreint: bien des passages du texte complet ont été omis par O, voire par O et R.

i. On a cependant un premier indice de la parenté des 3 mss dans une série de variantes communes, mineures mais convergentes, qui les opposent à tout le reste de la tradition; ce sont:

en VIII: 6, l'omission de l'article devant Ἱεροσόλυμα,

en VIII: 8, le même phénomène devant Ἰάκωβος,

en X: 16, le génitif νοός au lieu de νοῦ,

en X: 25, προσκυνοῦντα τὸν Θεόν, et non προσκυνοῦντα τῷ Θεῷ,

en X: 34, Παύλου au lieu de Παύλῳ,

en X: 41, l'omission de τε,

en XI: 6, un καὶ supplémentaire,

en XI: 26, l'emploi du nominatif ὁ Θεὸς καὶ Πατήρ au lieu du vocatif Θεὲ Πάτερ,

en XII: 25, l'omission de οὗτος.

ii. Ces éléments, pour insuffisants qu'ils soient, sont confirmés par des constatations fermes: en VI: 6, il y a un saut du même au même indiscutable commun à R et à W (O n'a pas repris ce passage). De même, en VIII: 11, les 2 mss, au lieu de transcrire ἐπειπὼν τοῦ προφήτου τὰ ῥήματα, ont respectivement ἐπιπόντος προφήτου ῥήματα (R) et ἐπιπόντως προφήτου τὰ ῥήματα (W), ce qui est manifestement une corruption du texte.

Les mss R et W ont donc certainement un ancêtre commun; et cela explique les nombreux cas où (le témoignage de O n'existant pas) ces deux témoins offrent des leçons identiques ou manifestement apparentées (ainsi en II: 2, 9-10 et 11, IV: 32, V: 20, VI: 4, VII: 1, IX: 23 et 29, XI: 46, XII: 14 et 14-15; XIII: 6 et 14).

Inutile de rappeler que R (qui date de 1542) ne dépend pas directement de W, nettement plus ancien d'après l'écriture: les leçons qui ne se rencontrent qu'en W foisonnent tout au long du texte.

iii. Notre stemma est donc pour le moment:

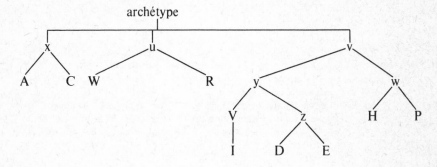

Et il reste O à introduire dans ce schéma.

iv. A cause de trois variantes pour lesquelles O et W s'opposent à tout le reste de la tradition, nous pensons qu'il faut les regarder comme formant un sous-groupe dépendant d'un ancêtre commun, auteur de ces trois transformations du texte. Ces 3 variantes sont les suivantes:

(1°) en x: 15, O et W ont ἔριον; tous les autres mss ont ἐρεοῦν, plus rare; on ne voit pas comment R, s'il avait déjà trouvé ἔριον sur son modèle, aurait retrouvé la leçon originale ἐρεοῦν;

(2°) en xi: 28, O et W ont laissé tomber οὕτω et sont passés du génitif καταλιθοβολούντων au nominatif (κατα) λιθοβολοῦντες; l'omission de οὕτω a par ailleurs entraîné le déplacement du δέ;

(3°) en xi: 31, O et W ont γναφέων; tous les autres mss ont κναφέων; les deux formes sont attestées dans les lexiques.

v. Pour ces raisons, le stemma suivant nous paraît pouvoir être proposé:

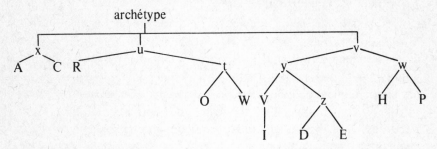

f. La place du slavon russe

En 1908, V. V. Latyšev faisait remarquer avec raison que le texte slavon russe, malgré ses déficiences évidentes, permettait d'améliorer sur certains points le texte grec édité par Papadopoulos-Kerameus d'après le seul ms. H.[36]

Et en effet, le texte de Macaire, facilement utilisable pour une édition critique (la traduction est d'ordinaire très littérale et va souvent jusqu'à res-

---

[36] Cf. Замѣтки, p. 133-140. Latyšev pouvait dès ce moment corriger certaines fautes du ms. H, par ex. μυστήριον pour μαρτύριον (éd. de P.-K., p. 2, lin. 19) ou le fameux ἀνθρωπονόητον pour ἀνόητον (ibid., p. 7, lin. 17); il découvrait également une simple coquille qui avait échappé au premier éditeur: ἐχόμενος pour εὐχόμενος (ibid., p. 3, lin. 2). Cependant, toutes les corrections proposées par Latyšev ne peuvent être acceptées telles quelles. Sans aucun doute, s'il avait disposé du reste de la tradition manuscrite, le savant russe n'aurait pas continué à vouloir remplacer ἀτελοῦς par ἐντελοῦς (p. 3, lin. 5), ni οἶον par μεῖον (p. 4, lin. 28).

pecter l'ordre des mots de son modèle), n'a de manière certaine aucune des erreurs et des variantes qui caractérisent le groupe HPVDE.

Et, parmi les nombreuses variantes qui caractérisent la famille RWO ou du moins, là où O fait défaut, les mss R et W, une seule se retrouve de manière certaine dans la version slavonne russe.

Par contre, sur les 33 erreurs et variantes qui sont propres à la fois à A et à C, 5 se retrouvent également dans le slavon russe et forment un ensemble suffisamment significatif. Ce sont:

	Texte de A et C	Texte slavon russe
III: 3-4	ἀνῆλθεν εἰς οὐρανοὺς ὅθεν ἡμῖν συγκαταβὰς ἀνελήλυθεν	взыде на небеса отнюдуже смирився взыде к намъ (col. 1805, lin. 11-12)
V: 19-20	δέδειχε γὰρ διὰ τούτων	указаеть бо сими (col. 1808, lin. 27)
X: 46	κινδυνεύει πᾶς ὁ λαὸς Ἰησοῦν τὸν Χριστὸν προσδοκῶν	в бѣду впадають вси людие Іисуса Христа чающе (col. 1815, lin. 2-3)
XIII: 4-5	παῦσον ... ἐκ τοῦ λαοῦ τοῦ Θεοῦ τὴν ὀργὴν τοῦ Θεοῦ	устави ... отъ божіихъ людій гнѣвъ божій (col. 1818, lin. 7-8)
XIII: 16	omission de καὶ τὸ κράτος dans la doxologie	omission équivalente (col. 1818, lin. 25)

Ceci nous invite à rattacher la version en slavon russe à un ancêtre perdu de x (appelons-le s) qui, sans avoir encore toutes les caractéristiques de la famille AC, en avait déjà cinq au moins.

Le stemma final — et cette fois, en l'élaborant, nous tenons compte de l'âge des témoins — est donc le suivant:

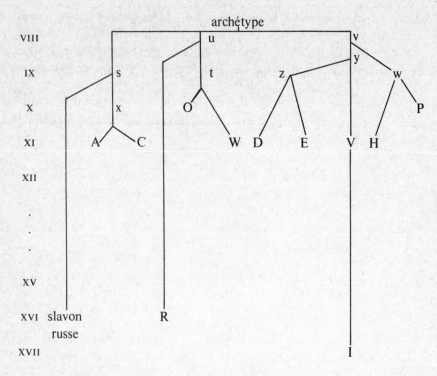

g. La version en slavon russe, les manuscrits A, C et les manuscrits R, W, O, forment-ils une seule famille?

Une question reste importante: la version en slavon russe, les mss A et C (dépendant de x, ancêtre perdu) et les mss R, W et O (dépendant de u, ancêtre perdu) ont-ils un ancêtre commun, qui les constituerait en famille unique par opposition à la famille formée de H, P, V, D et E (dépendant, elle, de v, ancêtre perdu)? S'il en allait ainsi, nous aurions non trois mais deux groupes, lesquels seraient, selon le stemma, également susceptibles de représenter l'archétype. Dans ce cas, pour l'édition, il faudrait, chaque fois qu'ils s'opposent, essayer de deviner quelle est la famille qui a gardé la bonne leçon.

Or, x et u sont d'accord contre v en 41 endroits[37] et certains de ces 41

---

[37] On les trouvera, dans notre édition, dans l'apparat critique, en I: 3, 41, IV: *21, 35*, V: *23, 24*, VI: 2, 4, 7, 8, *8-9*, 10, *13, 17*, 20, *20*, VII: 7, 14, *19*, VIII: 12, IX: 4, *7*, 14, 17, *24-25*, X: 6, 20, 26, *26*, 38, 40, 41, *46*, XI: *9, 10, 15-16*, 22, 25, XII: *26*, XIII: *3, 4*. Nous n'avons pas tenu compte des variantes qui ne concernent que la présence ou l'absence d'un v éphelcystique. La comparaison du texte slavon russe avec v est évidemment plus difficile. Un certain nombre de variantes grecques (présence ou absence d'un article, par ex.) ne peuvent

endroits variants présentent un réel intérêt. En effet, nous l'avons dit, ce qui nous a décidés à précipiter l'achèvement de ce travail, c'est en définitive le désir de fournir à l'*Editio Maior Critica* du Nouveau Testament les citations de l'épître de Jacques telles qu'elles se trouvent dans notre texte. Or, précisément, dans les citations de l'épître, par sept fois, *v* s'oppose à *u* et *x* (+ slavon russe), et, alors que ces deux rameaux présentent des leçons inconnues ou presque, *v* a un texte parfaitement commun. La question se pose donc: dans ces sept cas, n'est-ce pas *v* qui a gardé le texte de l'archétype, tandis que *u* et *x* (+ slavon russe) dépendraient d'un ancêtre commun, cause de la corruption des citations? Ou, sinon, faut-il admettre que *v* a régularisé les citations de l'épître?

On ne peut pas prouver, croyons-nous, que *x* (+ le slavon russe) et *u* dépendent d'un même ancêtre; et il y a de bonnes raisons de croire que *v* a régularisé les citations. Voici les arguments:

i. D'abord, rappelons-le, il est certain que *v*, en certains endroits, s'est écarté de l'archétype, alors que *u* et *x* (+ le slavon russe) — qu'ils soient ou non en dépendance d'un ancêtre unique — gardaient la bonne leçon. La preuve en est l'ἀνθρωπονόητον (VI: 20) déjà cité (cf. p. 20). Il est probable que le même phénomène s'est passé:

— en VII: 19-20, où ὃ τῇ ἐπιστολῇ τοῦ Ἰακώβου μὴ περιέχεται[38] a été remplacé en *v* par ὃ ἡ ἐπιστολὴ τοῦ Ἰακώβου μὴ περιέχεται; avec le datif τῇ ἐπιστολῇ, le sens est clair: «qui n'est pas contenu dans l'épître de Jacques»; si on écrit non τῇ ἐπιστολῇ mais ἡ ἐπιστολή, il faut, soit que περιέχομαι ait le même sens que περιέχω, soit qu'il ait un autre sens satisfaisant pour le contexte; nous n'avons trouvé d'attestation ni pour l'un ni pour l'autre, et il est probable qu'il s'agit à nouveau d'une corruption en *v*.

— en IX: 4, καὶ τοῦ est devenu en *v* καὶ τὸ, grammaticalement incorrect.

— en IX: 6, γενομένων γὰρ ἡμῶν, φησὶν ἐκεῖ ὁ Λουκᾶς[39] est devenu en *v* γενομένων γὰρ φησὶν ἡμῶν ἐκεῖ ὁ Λουκᾶς. Comme il est clair que ἡμῶν va avec γενομένων et que Λουκᾶς va avec φησί, la phrase de *v* est indéfendable; c'est une corruption aussi évidente que ἀνθρωπονόητον.

---

pas avoir leur équivalent en slavon; d'autres variantes (par ex., celles regardant seulement l'ordre des mots) sont trop peu sûres pour pouvoir entrer en ligne de compte dans une comparaison; bref, quand on tient compte de tout cela, il reste, sur 41 variantes, 20 cas où le slavon suit indiscutablement *u* et *x*: ce sont les variantes indiquées en italiques dans la liste ci-dessus. En aucun cas, par contre, le slavon russe ne suit sûrement *v*.

[38] En slavon russe: *егоже нѣсть во Ияковли епистоліи* (col. 1811, lin. 4-5).

[39] En slavon russe: *бившемъ намъ, рече Лука, ту* (col. 1812, lin. 10-11).

— en IX: 17, alors que *u* et *x*[40] ont Πάντως δὲ δέον, *v* a Πάντως δέον; comme c'est le début d'une phrase, il est pratiquement sûr que la particule δὲ était présente dans l'original: il est en effet extrêmement rare que notre auteur passe d'une phrase à l'autre sans une particule de liaison; *a fortiori* ici, où il passe d'une citation à une phrase qui est de lui.

— en VI: 13, où Τίς δὲ τῆς πρὸς τὸν πλησίον ἀγάπης ... οὕτως ἐφρόντισεν[41] est devenu en *v* Τῆς δὲ τῆς πρὸς τὸν πλησίον ἀγάπης ... οὕτως ἐφρόντισεν, ce qui est incorrect; c'est une simple faute d'orthographe due à l'itacisme, mais elle est généralisée dans les mss qui dépendent de *v*.

— en VI: 17, où τούτῳ[42] est devenu en *v* τοῦτο, alors que le datif est nécessaire au sens; encore une fois, la faute d'orthographe est généralisée dans les mss dépendant de *v*.

Nous avons donc montré qu'en 6 des 41 variantes opposant *v* à *u* et *x* (+ accessoirement, le slavon russe) nous avons toutes raisons de croire que *v* a simplement corrompu le texte de l'archétype.

ii. Par six fois, *v* s'oppose à *u* et *x* dans des citations d'Eusèbe. Or là, chaque fois, *v* s'éloigne davantage du texte d'Eusèbe[43] que *u* et *x*;[44] selon toute probabilité, il s'agit donc à nouveau d'infidélités au texte original, qui se sont introduites en *v*. Voici ces 6 cas:

	Texte d'Eusèbe	Texte de *u* et *x*	Texte de *v*
x: 46	κινδυνεύει πᾶς ὁ λαός	κινδυνεύει πᾶς ὁ λαός	κινδυνεύσει πᾶς ὁ λαός
XI: 8-	διὰ γὰρ τὸ Πάσχα	διὰ γὰρ τὸ Πάσχα συν-	διὰ γὰρ τὸ Πάσχα συν-
9	συνεληλύθασι πᾶ-	εληλύθασιν πᾶσαι αἱ	εληλύθαμεν πᾶσαι αἱ
	σαι αἱ φυλαί...	φυλαί...	φυλαί...
XI: 10	ἔστησαν οὖν οἱ προειρη-	ἔστησαν οὖν οἱ γραμ-	ἔστησαν οὖν οἱ φαρι-
	μένοι γραμματεῖς καὶ	ματεῖς καὶ οἱ φαρι-	σαῖοι καὶ οἱ γραμ-
	φαρισαῖοι...	σαῖοι...	ματεῖς...

[40] Ici, le slavon russe n'a pas d'équivalent du δέ grec. C'est donc une leçon où il semblerait suivre *v* et non *u* et *x*. Mais, isolée, la variante n'est pas significative.

[41] En slavon russe: *Кто убо отъ любве ... тако попекльcя?* (col. 1809, lin. 18-19).

[42] Cf. le slavon *иному* (ibid., lin. 25).

[43] Pour le texte d'Eusèbe, nous nous basons sur l'édition d'Ed. Schwartz dans la collection *Die griechischen christlichen Schriftsteller der ersten drei Jahrhunderte*, parue en 1903. Une 7ᵐᵉ variante (ἀπεσχληκέναι/ἀποσχληκέναι, en x: 23) pourrait être invoquée en sens contraire, mais ce serait une base bien fragile pour construire une hypothèse.

[44] Nous ferons ici abstraction du slavon russe; mais pour les cinq premières (les seules qui peuvent entrer en ligne de compte) de ces 6 variantes, cette version suit *u* et *x* parfaitement.

XI: 15- 16	καὶ αὐτὸς κάθηται ἐν τῷ οὐρανῷ ἐκ δεξιῶν τῆς μεγάλης δυνάμεως	καὶ αὐτὸς κάθηται ἐν τῷ οὐρανῷ ἐκ δεξιῶν τῆς δυνάμεως τοῦ Πατρὸς αὐτοῦ	καὶ αὐτὸς κάθηται ἐκ δεξιῶν τῆς δυνάμεως τοῦ Πατρὸς αὐτοῦ ἐν τῷ οὐρανῷ
XI: 24- 26	καὶ ἤρξαντο λιθάζειν αὐτὸν ἐπεὶ καταβληθεὶς οὐκ ἀπέθανεν · ἀλλὰ στραφεὶς ἔθηκε τὰ γόνατα ...	καὶ ἤρξαντο λιθάζειν αὐτὸν ἐπείπερ κατα- βληθεὶς οὐκ ἀπέθανεν · ἀλλὰ στραφεὶς ἔθηκεν τὰ γόνατα ...	καὶ ἤρξαντο λιθάζειν αὐτόν · ἐπείπερ κατα- βληθεὶς οὐκ ἀπέθανεν, στραφεὶς ἔθηκε τὰ γόνατα ...
XI: 31	λαβών τις ἀπ' αὐτῶν εἷς τῶν γναφέων	λαβών τις ἀπ' αὐτῶν εἷς τῶν κναφέων	λαβών τις ἐξ αὐτῶν εἷς τῶν κναφέων

Ceci nous paraît particulièrement significatif: dans ces 6 cas où il y a moyen de vérifier la fidélité de *u*, *v* et *x* à l'archétype, c'est toujours *v* qui s'en écarte, jamais *u* et *x* ensemble.

iii. En aucun des autres cas où *v* s'oppose à *u* et à *x* (+ le slavon russe) — abstraction faite des citations de l'Écriture — nous ne pouvons donner un argument de poids inclinant à penser que *v* a gardé la bonne leçon et que *u*, *x* et le slavon russe doivent avoir eu une variante commune s'écartant de l'archétype.

Dès lors, il serait étonnant que l'hypothétique ancêtre commun de *u*, de *x* et du slavon russe se fût trompé avec une insistance marquée dans les passages scripturaires (exclusivement d'ailleurs dans les textes de l'épître de Jacques)[45] et que, par contre, il ne se fût jamais écarté de son original dans le long texte d'Eusèbe.

Il est plus simple, à notre avis, d'admettre que les citations scripturaires de l'épître de Jacques, quand elles s'écartaient du texte habituel, ont été normalisées en *v*. Tel serait le cas en IV: 21, 34[46] et 35, V: 22-23, 24, VI: 1-2, 8-9, VII: 14.

Notons enfin qu'une nouvelle révision du même genre a eu lieu en *w*, ms. perdu dont dépendent H et P. Ces deux témoins ont en effet 3 leçons qui leur sont tout à fait propres et sont des variantes bien connues du texte de Jacques: ainsi, en V: 10, ils ont ἔνι au lieu de ἔστι; en VI: 2, ils ont παρὰ θεῷ πατρί au lieu de παρὰ τῷ θεῷ καὶ πατρί, qui était la leçon de *v*; en VII: 15, ils ont ὑπὸ κρίσιν au lieu de εἰς ὑπόκρισιν.

---

[45] En dehors d'une variante Μωσέως/Μωϋσέως, sur laquelle on ne peut rien baser (cf. IX: 14), *v* ne s'oppose jamais à *u* et *x* dans les citations tirées des Actes, de l'épître aux Galates ou de celle de Jude.

[46] Il s'agit du passage du présent ὑπομένει au futur ὑπομενεῖ, si toutefois ce passage s'est fait au niveau de *v*, et non, comme je le croirais plus volontiers, au niveau de *y* et de H.

3. Principes de l'édition

a. Détermination du texte de base

Comme nous disposons de trois grandes familles, nous avons toujours éliminé les leçons attestées dans une seule d'entre elles; ce principe suffit à déterminer la leçon la plus ancienne dans la très grande majorité des cas. Lorsque deux leçons concurrentes sont attestées simultanément dans plusieurs branches de la tradition, c'est l'indice que le texte de l'archétype donnait lieu à être retouché; pour les quelques cas où la leçon de l'archétype n'est pas évidente, c'est par les principes de la critique interne que nous avons essayé de procéder pour retrouver les leçons les plus originales.

Bien que nous ayons toujours tenu compte des leçons attestées par les Ménées de Macaire, cela ne se marque guère dans notre apparat critique. On notera que, vu sa place spéciale dans le stemma, la version slavonne russe a presque toujours soit une leçon individuelle, soit la leçon de l'archétype.

b. Division en chapitres

Nous avons gardé la division en chapitres adoptée par A. Papadopoulos-Kerameus. Ainsi resteront valables les références basées sur cette division, qui errent probablement çà et là dans la littérature érudite.

c. Orthographe

Nous avons, selon la tradition, restitué les iotas souscrits, et nous avons normalisé l'accentuation des enclitiques selon l'usage moderne. Celui-ci est sûrement artificiel, mais il a l'avantage d'être clair et généralisé; il est impossible d'y déroger tant que n'aura pas été faite une longue étude des manuscrits byzantins soignés.

d. Apparat critique

Dans l'apparat critique, nous avons admis non seulement toutes les variantes significatives du point de vue de l'établissement du stemma, mais encore toutes les autres variantes susceptibles d'être significatives soit du point de vue du sens ($\tau o\tilde{v}\tau o/\tau o\acute{v}\tau\omega$, $\varkappa\alpha\lambda\tilde{\omega}\varsigma/\varkappa\alpha\lambda\acute{o}\varsigma$, $\acute{v}\mu\tilde{\omega}\nu/\acute{\eta}\mu\tilde{\omega}\nu$, $o\tilde{v}\tau o\varsigma/o\tilde{v}\tau\omega\varsigma$), soit de celui de la grammaire ($\gamma\iota\nu o\mu\acute{e}\nu\alpha\varsigma/\gamma\iota\gamma\nu o\mu\acute{e}\nu\alpha\varsigma$, $\delta\varepsilon\delta\acute{\omega}\varkappa\alpha$-$\sigma\iota\nu/\delta\acute{e}\delta\omega\varkappa\alpha\nu$, $\beta\varepsilon\beta\acute{o}\eta\tau o/\acute{e}\beta\varepsilon\beta\acute{o}\eta\tau o$, etc.). De même, toutes les variantes de noms propres ont, selon la tradition, été enregistrées dans l'apparat.

Nous avons par contre, comme il est normal, éliminé purement et simplement, lorsqu'elles n'avaient aucune signification, les variantes d'itacisme et confusions analogues ($\varepsilon/\alpha\iota$, o/ω), les variantes de ν éphelcystique, les simplifications de géminées et réduplications de consonnes simples, les premières leçons d'un ms. qui n'ont aucun correspondant dans le reste de la tradition, ainsi que quelques fautes mécaniques: répétitions de groupes de lettres (ἀπεκύησεν ἦσεν ἡμᾶς, en v: 10-11, ms. R; μετατα pour μετὰ, en vi: 13, ms. D; γόνανασιν, en x: 21, ms. R; etc.), omissions de syllabes, spécialement lorsque le scribe peut sauter de voyelle à voyelle (ὑποθέως pour ὑποθέσεως en i: 21 et 24, ms. W; etc.), omissions d'une syllabe (κατελήλυ < θεν >, en iii: 4, ms. O) ou d'une lettre (εἶχο < σ > τῶ, en i: 35, ms. H; ἐπί < σ > χες, en xi: 2, ms. O; etc.), modifications de consonne ou de voyelle par attraction d'une consonne ou d'une voyelle voisine (δεδίχαχε pour δεδίδαχε, en v: 19, ms. R; ὑπουτοῦ pour ὑπὸ τοῦ, en x: 40, ms. W), etc.

II

Edition et traduction

1. L'édition de notre texte par Papadopoulos-Kerameus[1] peut paraître minutieuse;[2] elle n'est pas aussi parfaite qu'on pourrait croire.[3] On trouvera ici le relevé de ses erreurs: nous n'avons pas voulu en charger notre apparat critique; mais si nous les passions totalement sous silence, tel ou tel érudit se demanderait sûrement un jour avec perplexité qui croire, de notre apparat ou de l'édition de 1891.

Nous suivons le texte de l'édition princeps:

p. 3, ligne 1: H porte τελέως, non τελείως
p. 3, ligne 2: H porte εὐχόμενος, non ἐχόμενος
p. 3, ligne 12: H porte παριόντων, non περιιόντων
p. 3, ligne 14: H porte ἄρξασθαι, non ἄρξομαι
p. 3, lignes 16 et 31/32: H porte ἐπ' εὐγενία, non ἐπειγενία
p. 4, ligne 7: H porte ἀγόντων ἀνον, non ἀγόντων τὸν ἀνον
p. 4, ligne 16: après πρακτικῷ, l'éditeur a oublié τοῦ δικαίου
p. 5, ligne 19: devant πλουσίους, l'éditeur a oublié un καί
p. 5, ligne 27: H porte une première leçon προφυλτικοῖς (erreur pour προφυλακτικοῖς), corrigée ensuite en προφυτικοῖς; l'éditeur a écrit προφητικοῖς, sans signaler la première leçon
p. 5, ligne 27 encore: après βοᾷ, l'éditeur a oublié Μηδεὶς πειραζόμενος λεγέτω ὅτι ἀπὸ Θεοῦ πειράζομαι

---

[1] Dans Ἀνάλεκτα, t. 1, p. 1-14.
[2] Elle mentionne par ex. bien des fautes insignifiantes (esprit, accent, etc.) du ms. qu'elle utilise.
[3] On tiendra compte cependant des indications et corrections apportées par Papadopoulos-Kerameus dans Ἀνάλεκτα, t. 1, p. 485 et 489, ainsi que t. 2, p. 483.

p. 6, ligne 21: ῥυπαρίαν manque en H; l'éditeur l'a repris, sans avertir, au texte de l'épître catholique

p. 7, ligne   6: H porte, par erreur, ἡλιακῆς, non ἡλιακοῦ

p. 7, ligne   7: H porte τῆς δὲ τῆς πρὸς (erreur pour τίς δὲ τῆς πρὸς); l'éditeur a oublié le second τῆς

p. 7, ligne 16: H porte μετὰ τῆς πίστεως, non μετὰ πίστεως

p. 7, ligne 17: H porte προσενεγκάντα, non προσενεγκόντα[4]

p. 9, ligne   4: H porte ὄντως, non ὄντος

p. 9, ligne 12: H porte ἐδόξασαν, non ἐδόξαζον

p. 9, ligne 27: H porte τὴν ἐπιστολὴν τῆς ἐπιγραφῆς, par erreur; l'éditeur a fait instinctivement la bonne correction, mais n'a pas averti

p. 10, ligne 21: H porte τούτῳ μόνον, non τούτῳ μόνῳ

p. 10, ligne 28: αὐτὸν est une addition indue de l'éditeur; notons que celui-ci utilise ici les parenthèses pour signaler sans doute qu'il croit devoir ajouter ce mot; mais p. 5, ligne 14, des parenthèses identiques, entourant le mot λέγων, sont une simple manière de ponctuer, le mot appartenant bel et bien au texte

p. 11, ligne 13: λεγομένοις se trouve bien dans le texte original, mais il manque en H; c'est donc une bonne restitution — mais encore une fois les parenthèses de l'éditeur ne la signalent pas clairement

p. 11, ligne 18: H porte κινδυνεύσει, non κινδυνεύει

p. 12, ligne 18: H porte ἔκραξε, non ἔκραζε

p. 14, ligne 21: H porte σὺ δὲ, non σὺ οὖν

p. 14, ligne 23: H porte θϛ ὁ ἐν τριάδι, non θεὸς ἐν τριάδι

Signalons encore que deux émendations (ᾧ pour ὁ et ὠβλίας pour ὀβλίας) proposées dans les Παροράματα καὶ διορθώσεις qui terminent (p. 485) le volume où paraissait l'édition princeps, ne se justifient pas.

Quant aux améliorations du texte proposées par E. Kurtz et imprimées en fin du t. 2 des Ἀνάλεκτα Ἱεροσολυμιτικῆς Σταχυολογίας de Papadopoulos-Kerameus (p. 485), certaines d'entre elles s'avèrent parfaites: ainsi, προσβαίνειν pour la p. 1, ligne 1; ἐπ' εὐγενείᾳ pour la p. 3, ligne 16 (là, Kurtz a simplement retrouvé la leçon du ms. H, mal copiée par Papadopoulos-Kerameus); et ἐπέσταλκεν pour la p. 9, ligne 2. Pour la p. 7, ligne 27, il est probable que Kurtz a proposé la leçon correcte ἔλεγχον, mais une coquille

---

[4] L'éditeur a voulu corriger son erreur, mais il en a commis une nouvelle en écrivant que le ms. H portait προσενέγκαντας (Ἀνάλεκτα, t. 2, p. 483).

malencontreuse a fait imprimer ἔλεγον. Les trois autres suggestions de Kurtz (ὑπαλλαγῆς pour la p. 5, ligne 18; τὴν περὶ pour la p. 6, ligne 13; et omission de περὶ devant ὧν pour la p. 9, ligne 17) ne rejoignent pas la tradition manuscrite.

2. Dans son édition[5] du texte *BHG* 766m, centon formé d'extraits du texte que nous éditons, le P. François Halkin a été beaucoup plus soigneux; ses conjectures se sont souvent avérées exactes. Voici cependant quelques observations rendues possibles par la collation de tous les manuscrits connus, et quelques amendements mineurs:

§ 2, lignes 16-17: la leçon διεξίημιν de O aurait dû être corrigée en διεξιὼν ἡμῖν, non en διεξῄει μέν

§ 3, ligne 9: l'adjonction de ὅτι n'est pas nécessaire. Il y a, comme il est normal, un point dans le ms. entre νηφάλιον et ζήτησις

§ 3, ligne 14: O, comme tous les mss, porte Παύλου καὶ τοῦ Βαρνάβα

§ 3, ligne 16: il eût fallu remplacer ἐκ τούτῳ par εἰς τοῦτο et non par ἐκ τούτων

§ 3, ligne 20: les «8 à 10» lettres érasées sont ἐξέψατο λαβεῖν, le scribe étant revenu en arrière d'un ε à un autre ε

§ 4, ligne 6: O porte ὄντως, qu'il ne fallait pas corriger en ὄντος

§ 4, ligne 16: ὅ, qui semble bien être la leçon origInale, ne devait pas être corrigé en ᾧ

§ 5, ligne 7: ὡς a été suppléé sans nécessité; il suffisait d'un point en haut

§ 5, ligne 14: O porte encore οὐδε, non οὐδέ; c'est là un reste de la leçon originale οὔτε

[5] Dans *Inédits byzantins*, p. 13-19.

Sigles des manuscrits

A = Athos, Philotheou 9
C = Paris, Bibliothèque Nationale, Coislin 110
D = Athos, Protaton 2
E = Athos, Pantocrator 40
H = Jérusalem, Saint-Sbas 27
O = Ochrida, Musée National, gr. 4
P = Paris, Bibliothèque Nationale, gr. 1485
R = Vatican gr. 1190
V = Vatican, Ottoboni gr. 422
W = Weimar, Zentralbibliothek der deutschen Klassik zu den nationalen
      Forschungs- und Gedenkstätten der klassischen deutschen Lite-
      ratur, ms. Q 729.

Βίος καὶ Μαρτύριον
τοῦ ἀγίου Ἰακώβου τοῦ ἀποστόλου
καὶ ἀδελφοῦ τοῦ Κυρίου

Vie et martyre de saint Jacques
l'apôtre et frère du Seigneur

Βίος καὶ Μαρτύριον
τοῦ ἁγίου Ἰακώβου τοῦ ἀποστόλου καὶ ἀδελφοῦ τοῦ Κυρίου

I. Ὀκνεῖν μὲν ἔδει προσβαίνειν τοῖς ὑπὲρ δύναμιν καὶ δειλίαν προΐσχεσθαι
τὴν ἀσφαλείας μητέρα · εἰ γὰρ καὶ πάθος ἐν τοῖς ἄλλοις ἡ δειλία διαβαλ-
5 λόμενον, ἀλλ᾽ ἐν τοῖς ὑπὲρ δύναμιν ἐπαινεῖται μᾶλλον, οὐ διαβάλλεται · διὸ
τοῖς ὑπὲρ δύναμιν ἐγχειρῆσαι τετόλμηκα, τῷ δικαίῳ θαρρήσας τῆς ἐν χερσὶν
ὑποθέσεως. Ἀκούων γὰρ τοῦ Σολομῶντος ἐν Παροιμίαις διδάσκοντος **μετ᾽ ἐγ-
κωμίων** γίνεσθαι τῶν δικαίων τὰς μνήμας,[a] καὶ πάλιν ὡς ἡνίκα ἐγκωμιάζεται δίκαιος, εὐφροσύνη τοῖς λαοῖς εἴωθε γίνεσθαι,[b] ὁρῶν τε μνήμας, καὶ
10 μάλα δικαίως, ἐν ταῖς πανταχόσε τοῦ Χριστοῦ ἐκκλησίαις διὰ παντὸς
γινομένας Ἰακώβου τοῦ ἀδελφοῦ τοῦ Κυρίου, τὰ δὲ κατ᾽ ἐκεῖνον διεξοδικῶς
θεωρῶν ἀνιστόρητα τῷ μηδένα τῶν εἰς γνῶσιν ἐλθόντων ἐμὴν σκοπὸν τοιοῦτον
ἐσχηκέναι ποτέ, ἐπὶ τήνδε τὴν γραφὴν ἐμαυτὸν ἐπιδοῦναι τεθάρρηκα, οὐκ
ἐγκώμιον Ἰακώβου γράψαι διανοούμενος — τοῦτο γὰρ οἶδα καὶ τοῖς λίαν ὑπὲρ
15 ἐμὲ τυγχάνον ἀδύνατον — ἀλλά τινα συναγωγὴν τῶν περὶ τοῦ δικαίου λεγομένων ποιήσασθαι, ὥστε τοῖς ἀκροωμένοις ἢ ἐντυγχάνουσιν τὰ κατὰ τὸν ἄνδρα
τοῦτον ὑπάρχειν εὐσύνοπτα.

Titre : ΑΓWΟΔΕVΗ   *I* : ΑΓWΔΕVΗ

I. — 1 Βίος καὶ Μαρτύριον : ὑπόμνημα εἰς C, ἀνδρέου ἱεροσολυμήτου ἀρχιεπισκόπου κρήτης
περὶ τοῦ βίου καὶ τοῦ μαρτυρίου Η, τοῦ ἐν ἁγίοις π̅ρ̅ς̅ ἡμῶν ἀνδρέου ἀρχιεπισκόπου κρήτης
ὁμιλία περὶ τοῦ βίου καὶ τῆς διὰ μαρτυρίου τελειώσεως V, ὑπόμνημα εἴτοι μαρτύριον D,
μαρτύριον WO   2 τοῦ ἁγίου : τὸν ἅγιον C   Ἰακώβου . . . Κυρίου : ἰακώβου (ἰακόβου D) τοῦ
ἀδελφοῦ τοῦ χ̅υ̅ AD, ἀπόστολον ἰάκωβον τὸν ἀδελφόθεον C, ἰακώβου τοῦ ἀδελφοθέου Ο, ἀποστόλου καὶ ἀδελφοθέου ἰακώβου Η, καὶ ἐνδόξου ἀποστόλου ἰακώβου τοῦ ἀδελφοθέου VE
3 προσβαίνειν : προβαίνειν HVDE   δειλίαν : δειλία DE   προΐσχεσθαι : προσίεσθαι C, προ-
βαλέσθαι Η   4 τὴν : τῆς W   5 διὸ : διὰ τί δὲ Η, ἐγὼ δὲ V   6 τοῖς . . . θαρρήσας : τῷ
δικαίῳ θαρρήσας τοῖς ὑπὲρ δύναμιν ἐγχειρῆσαι τετόλμηκα V   6-7 τῆς ἐν χερσὶν ὑποθέσεως :
τῆς ἐν χερσί φημι ὑποθέσεως V, διὸ καὶ τῆς ἐν χερσὶν ὑποθέσεως ἠψάμην Η   7 Παροιμίαις :
ταῖς παροιμίαις W   8-9 ἐγκωμιάζεται : ἐγκωμιάζεται Η   9 μνήμας : μνήμας μὲν C
10 πανταχόσε : πανταχοῦ W, ἀπανταχόσε Η, ἀπανταχοῦ VDE   τοῦ Χριστοῦ : ταῖς τοῦ θ̅υ̅ W,
τοῦ χ̅υ̅ V, ταῖς τοῦ χ̅υ̅ DE   11 γινομένας : γιγνομένας DE   12 ἀνιστόρητα : ἀνιστόρησα W²
τῷ : τὸ A, τῶν WDE   ἐλθόντων ἐμὴν : ἐμὴν ἐλθόντων Η   13 τεθάρρηκα : τετόλμηκα Η
14 τοῖς : τοὺς W   15 τυγχάνον : τυγχάνειν W, τυγχάνουσιν Η

a Cf. *Prov.* 10, 7.
b Cf. *Prov.* 29, 2.

Vie et martyre
de saint Jacques, l'apôtre et frère du Seigneur[6]

Prologue

1. Il aurait fallu hésiter à aborder ce qui dépasse mes forces et alléguer la peur, mère de la sécurité. Car, si la peur est, pour le reste, un sentiment que l'on décrie, du moins quand il s'agit de ce qui dépasse nos forces, on la loue plutôt, on ne la décrie pas. Aussi n'ai-je osé entreprendre ce qui dépasse mes forces, que fort du bien fondé du sujet que j'ai pris en mains. J'entends en effet Salomon enseigner dans les Proverbes que c'est avec des éloges qu'on fait mémoire des justes,[a] et encore que, lorsqu'on fait l'éloge d'un juste, c'est d'ordinaire réjouissance pour les foules;[b] voyant aussi qu'on fait — et c'est tout à fait juste — continuellement et partout dans les Églises du Christ la mémoire de Jacques, le frère du Seigneur, et considérant que ce qui le concerne n'est pas relaté de manière détaillée (aucun en effet des auteurs venus à ma connaissance ne s'est jamais donné pareil but), avec assurance je me suis appliqué au présent écrit, non avec l'intention d'écrire un panégyrique de Jacques — cela, je le sais, est en effet impossible même à ceux qui me sont bien supérieurs — mais bien de faire une sorte de compilation de ce qui est dit sur le Juste, de sorte que les auditeurs ou les lecteurs aient d'un seul coup sous les yeux ce qui concerne cet homme.

[6] Il existe de ce texte deux traductions russes modernes, l'une de D. Thaborskij, l'autre de V. V. Latyšev (cf. V. V. LATYŠEV, *Замѣтки*, p. 133, n. 1). Nous n'avons eu accès ni à l'une ni à l'autre.

Ἡγήσιππος δὲ καὶ *Κλήμης* τῆσδέ μοι γεγόνασι τῆς ἱστορίας διδάσκαλοι,
ὧν ὁ μὲν *ἐν τῷ πέμπτῳ αὐτοῦ Ὑπομνήματι*,[c] ὁ δὲ ἐν τῇ ἕκτῃ τῶν λεγομένων
20 Ὑποτυπώσεων[d] κατ᾽ ἐπιδρομὴν γεγράφασι τὰ κατὰ Ἰάκωβον, οὐ τοῦτον, ὡς
εἴρηται, σκοπὸν τῆς ὑποθέσεως προβαλλόμενοι, ἀλλ᾽ ἐφ᾽ ἕτερα μὲν τῆς γραφῆς
τὸν δρόμον ἀνύοντες, ὑπὸ δὲ τῆς μεγαλειότητος τοῦ ἀνδρὸς σιωπῇ παρελθεῖν
τινα τῶν ἐκείνου μὴ συγχωρούμενοι. Καὶ ταῦτα μὲν εἰρήσθω περὶ Ἡγησίππου
καὶ Κλήμεντος, οἳ τὰς ἀφορμὰς τῆς παρούσης μοι δεδώκασιν ὑποθέσεως, ἄν-
25 δρες ἄμφω βίῳ καὶ λόγῳ κοσμούμενοι καὶ ἐν τοῖς ἀποστολικοῖς διδάγμασι
περιβόητοι · ὁ μὲν γὰρ μέγας Ἡγήσιππος τῆς πρώτης εὐθὺς τῶν ἀποστόλων
διδασκαλίας ὑπῆρχεν διάδοχος, Κλήμης δὲ ὁ θαυμάσιος πρεσβύτερος ἅμα καὶ
διδάσκαλος *τῆς ἐν Ἀλεξανδρείᾳ παροικίας*[e] γεγένηται. Παρὰ τούτων ἐγὼ
μεμάθηκα τὰ κατὰ τὸν Ἰάκωβον.

30 *Οὕτω δὲ ἄρα θαυμάσιός τις* καὶ μέγας *ἦν* ὁ Ἰάκωβος *καὶ παρὰ τοῖς
ἄλλοις ἅπασιν ἐπὶ δικαιοσύνῃ βεβόητο, ὡς καί* τινας τῶν ἔξω τῆς πίστεως
καὶ παρὰ Ἰουδαίοις ὑπάρχοντας *ἔμφρονας* ἱστορῆσαι τὸ ἐκείνου μαρτύριον
καὶ δίκας λέγειν ὑποσχεῖν *παραχρῆμα* τοὺς ἀνελόντας τὸν δίκαιον, μᾶλλον δὲ
αὐτὰ τὰ Ἱεροσόλυμα συμφορᾷ περιπεσεῖν ἀνηκέστῳ *διὰ τὸ κατ᾽ αὐτοῦ*
35 *τολμηθὲν αὐτοῖς ἄγος.*[f] *Καὶ μάρτυς τούτων Ἰώσηπος ἐν τῷ εἰκοστῷ τῆς
Ἀρχαιολογίας* συγγράμματι τὰ περὶ τοῦ δικαίου τούτου διεξιὼν ἡμῖν.[g]

Ταῦτα μὲν οὖν εἰρήσθω ἐν ταῖς ἀρχαῖς τοῦ συγγράμματος. Μέλλων δὲ τὰ
κατ᾽ ἐκεῖνον γράφειν τὸν ἅγιον, *αὐτὸν τοῦ λόγου προστήσομαι τὸν ἐκείνου*

ACWDEVH ; O depuis ἄνδρες (24) jusqu᾽à ἡμῖν (36) ; P à partir de -σιππος (26)

19 πέμπτῳ αὐτοῦ : ἑαυτοῦ W   20 κατ᾽ ἐπιδρομὴν : καταδρομὴν WVDE   τοῦτον : τοῦτο W
21 σκοπὸν τῆς ὑποθέσεως προβαλλόμενοι : τὸν σκοπὸν βαλλόμενοι Η   22 ἀνύοντες :
ἀνύσαντες Α   σιωπῇ : σιωπὴν W   23 τῶν ἐκείνου μὴ συγχωρούμενοι : μὴ συγχωρούμενοι τῶν
ἐκείνου W   24 καὶ Κλήμεντος : om. E   δεδώκασιν : δέδωκαν W   27 ὑπῆρχεν : ὑπάρχων W
θαυμάσιος : μακάριος O   28 τῆς ἐν Ἀλεξανδρείᾳ παροικίας : ἀλεξανδρείας O   29 τὸν : om.
WOHP   30 δὲ : γὰρ VDE   ἄρα : om. V   31 βεβόητο : ἐβεβόητο Η   31-32 τῶν ἔξω τῆς
πίστεως καὶ παρὰ Ἰουδαίοις ὑπάρχοντας : ἔξω τῆς πίστεως καὶ παρὰ Ἰουδαίοις ὑπάρχοντας Η,
παρὰ Ἰουδαίοις ὑπάρχοντας καὶ ἔξω τῆς πίστεως P   32 μαρτύριον : μυστήριον ΗP
33 μᾶλλον δὲ : καὶ μᾶλλον δὲ W   34-35 ἀνηκέστῳ ... ἄγος : ἀνηκεστάτῳ διὰ τὸ κατ᾽ αὐτοῦ
τολμηθὲν αὐτοῖς ἄγος Α, διὰ τὸ κατ᾽ αὐτοῦ ἀνήκεστον τολμηθὲν αὐτοῖς ἄγος W (qui trans-
posuit ea verba post διεξιὼν ἡμῖν)   35 τούτων : τούτου V   36 διεξιὼν ἡμῖν : διεξίημιν O
38 προστήσομαι : παραστήσομαι E

c   Eusèbe, *Hist. eccl.*, II, 23, 3; éd. Schwartz, p. 166, lin. 7.
d   Cf. ci-dessous, p. 81, n. 9.
e   L'expression semble empruntée à Eusèbe (cf. *Hist. eccl.*, II, 24; éd. Schwartz,
p. 174, lin. 19).
f   Eusèbe, *Hist. eccl.*, II, 23, 19; éd. Schwartz, p. 172, lin. 2-6.
g   Eusèbe, *Hist. eccl.*, II, 23, 21; éd. Schwartz, p. 172, lin. 12-13.

C'est Hégésippe et Clément qui ont été mes maîtres pour la présente recherche: le premier, dans son cinquième mémoire,[c] le second, dans la sixième[d] de ses «Hypotyposes»,[7] ont écrit brièvement ce qui concerne Jacques. Comme je l'ai dit,[8] ce n'est pas lui qu'ils choisissaient de viser dans leur sujet, mais, alors qu'ils dirigeaient sur d'autres choses le cours de leur écrit, à cause de l'importance du personnage, ils n'ont pu se permettre de passer sous silence certains faits de son histoire. Voilà ce qu'il fallait dire d'Hégésippe et de Clément, qui m'ont fourni les bases du présent sujet; ce sont tous deux des hommes de vie et de doctrine honorables,[9] et très célèbres pour ce qui regarde les enseignements apostoliques. D'une part, en effet, le grand Hégésippe a hérité du tout premier enseignement des apôtres; quant à l'admirable Clément, il a été à la fois prêtre et didascale de la communauté d'Alexandrie.[e] C'est d'eux que moi j'ai appris ce qui concerne Jacques.

Mais Jacques était quelqu'un de si admirable et de si grand, et il avait chez tous les autres une telle réputation de justice que même certaines gens qui sont en dehors de la foi et chez les Juifs, des gens sensés, ont relaté son martyre et disent que ceux qui ont fait périr le Juste ont subi immédiatement leur châtiment, mieux, que Jérusalem même est tombée dans un désastre irréparable à cause du sacrilège qu'on avait osé commettre contre lui.[f] Et le témoin de cela, c'est Josèphe, qui dans son vingtième livre des Antiquités Judaïques nous raconte ce qui concerne ce Juste.[g]

Voilà ce qu'il fallait dire au début de mon écrit.

Mais, devant écrire ce qui concerne ce saint, c'est à son Dieu même que

---

[7] Nous avons cru pouvoir traduire λεγομένων par les guillemets.

[8] Cf. ci-dessus, p. 37.

[9] Les mots βίῳ καὶ λόγῳ κοσμούμενοι doivent être rapprochés de ce qui est dit plus loin de S. Joseph: καὶ βίῳ καὶ λόγῳ ἐλαμπρύνετο (XII: 13). On ne peut donc voir dans λόγῳ une allusion aux œuvres littéraires d'Hégésippe et de Clément; ou du moins il n'est pas essentiel d'avoir écrit pour se distinguer βίῳ καὶ λόγῳ. Ce couple de mots est d'ailleurs bien connu (cf. G. W. H. LAMPE, *A Patristic Greek Lexicon, sub verbo βίος*, A 5; nous l'avons repéré plusieurs fois dans S. Grégoire de Nazianze, dont notre auteur s'inspire [cf. p. 83-85]; cf. *P.G.* 35, 716 B 5 et 1200 C 1; *P.G.* 36, 381 B 1-2 et 509 B 3-4); il semble être pratiquement l'équivalent de deux autres couples essentiels pour saisir le plan du texte: θεωρία-πρᾶξις et θεωρητικόν-πρακτικόν.

θεόν,[h] τοῦ μὴ διαμαρτεῖν τελέως τοῦ ζητουμένου εὐχόμενος · **κἂν γάρ τις ᾖ**
40 **τέλειος ἐν υἱοῖς ἀνθρώπων τῆς ἀπὸ** τοῦ θεοῦ **σοφίας** ἐκτός, **εἰς οὐδὲν**
λογισθήσεται ·[i] εἰ τοίνυν οἱ τέλειοι ἐν υἱοῖς ἀνθρώπων λεγόμενοι εἰς οὐδὲν
λογισθήσονται τῆς τοῦ θεοῦ βοηθείας χηρεύοντες, τί ποιήσω πάσης ἀτελοῦς
διανοίας κατωτέρω που κείμενος ; Ἀλλά μοι, μαθητὰ καὶ ἀδελφὲ τοῦ Κυρίου
καὶ ἱερεῦ καὶ ἀπόστολε, προφῆτα ἅμα καὶ δίκαιε καὶ μαρτυρίῳ κοσμούμενε,
45 ταῖς σαῖς εὐχαῖς πρὸς τὸ ζητούμενον σύνελθε καὶ δὸς εἰπεῖν μοι μετρίως τὰ σά,
ὥστε μὴ πάντη παρασφαλῆναι τοῦ δέοντος καὶ ἔξω πεσεῖν τῆς περὶ σοῦ
προθυμίας καὶ γέλωτα ὀφλεῖν κατ᾽ ἐκεῖνον τὸν ἄπορον τὸν ἐν τοῖς εὐαγγελίοις
πύργον οἰκοδομεῖν ἐθέλοντα καὶ ὑπὸ τῶν παριόντων δικαίως ἐμπαιζόμενον.[j]
Ἄγε δή μοι λοιπὸν ταῖς τοῦ δικαίου πρεσβείαις θαρρήσαντι **ἔνθεν** τῆς ὑπο-
50 θέσεως ἄρξασθαι ὅθεν καὶ ἄρχεσθαι πρεπωδέστατον.

II. Ἄλλοι μὲν οὖν τοῖς κοσμικοῖς σεμνυνέσθωσαν καὶ ἐπ᾽ εὐγενείᾳ τῇ κάτω
μέγα φρονείτωσαν καὶ τοῖς μικροῖς ἐπαιρέσθωσαν καὶ τὰ μὴ ἄξιά τινος τίμια
νομιζέτωσαν · Ἰακώβῳ δὲ τοῦτο μόνον ἀρκεῖ τὸ ἀδελφόθεον λέγεσθαι. Πατρὶς
δὲ αὐτῷ Ἰερουσαλὴμ ἡ πρωτότυπος **ἧς τεχνίτης καὶ δημιουργὸς ὁ θεός.**[k]
5 Βίον δὲ αὐτοῦ σημαίνει τὸ ὄνομα · ἢ γὰρ πτερνιστὴς τῶν παθῶν ὡς ὁ παλαιὸς

ACWDEVHP ; R à partir de Ἄλλοι (II: 1)

39 τοῦ μὴ : μὴ HP   39-43 κἂν γάρ . . . κείμενος : om. v   39-40 ᾖ τέλειος : τέλειος ᾖ P
40 ἀνθρώπων : τῶν ἀ͞ν͞ω͞ν W, ἀ͞ν͞ω͞ν καὶ Η   40-41 εἰς οὐδὲν . . . λεγόμενοι : εἰς οὔθὲν λογισθήσεται · εἰ τοίνυν οἱ τέλειοι ἐν υἱοῖς ἀ͞ν͞ω͞ν λεγόμενοι HP, εἰς οὐδὲν λογισθήσεται · εἰ τοίνυν οἱ
τέλειοι υἱοῖς ἀ͞ν͞ω͞ν λεγόμενοι A, om. WDE   41 οὐδὲν : οὔθὲν HPDE   42 τί : τί τοίνυν P   42-
43 ἀτελοῦς διανοίας κατωτέρω : κατωτέρω διανοίας ἀτελοῦς W, διανοίας κατωτέρω C
43 που : om. W   καὶ ἀδελφὲ τοῦ Κυρίου : καὶ ἀδελφὲ τοῦ χ͞υ ἡμῶν E, τοῦ χ͞υ καὶ ἀδελφὲ P
44 καὶ ἱερεῦ : ἱερεῦ E   κοσμούμενε : κοσμημένε Α¹, κεκοσμημένε Α²   45 πρὸς τὸ ζητούμενον :
σύνελθε : σύνελθε πρὸς τὸ ζητούμενον H   46 ὥστε μὴ πάντη : ἄτε μὴ πάντι P   47 προθυμίας :
προθεσμίας VDE   ὀφλεῖν : ὄφλειν WV   ἄπορον : ἄπειρον C   48 πύργον οἰκοδομεῖν ἐθέλοντα :
οἰκοδομεῖν πύργον ἐθέλοντα P, πύργον οἰκοδομῆσαι θέλοντα WVDE   ἐμπαιζόμενον : γελώμενον
VDE   49 μοι . . . θαρρήσαντι : μοι . . . θαρρήσαντα P, με . . . θαρρήσαντα AH   50 καὶ : om.
CH, omittere videtur (in lacuna) P   πρεπωδέστατον : πρεπωδέστερον W

II. — 2 μέγα φρονείτωσαν : μεγαλοφρονείτωσαν RWDE, in P est lacuna   τοῖς : ταῖς P
μικροῖς : σμικροῖς A   3 νομιζέτωσαν : νομιζέσθωσαν RP   Ἰακώβῳ δὲ : ἰακώβω δὲ τῶ θείω R
τοῦτο : τούτω HP   4 Ἰερουσαλὴμ ἡ πρωτότυπος : ἡ πρωτότυπος ἰλ͞η͞μ AC   5 Βίον : δύο W
ἢ : ἦν P

h Cf. Grégoire de Nazianze, In Basilium, P.G. 36, 497 A 12-13.
i Cf. Sap. 9, 6.
j Cf. Luc. 14, 29.
k Heb. 11, 10.

je confierai mon discours,[h] priant pour ne pas manquer complètement mon but. Car, quand bien même quelqu'un serait parfait parmi les fils des hommes, sans la sagesse qui vient de Dieu, il sera compté pour rien;[i] si donc ceux qu'on dit parfaits parmi les fils des hommes seront comptés pour rien s'ils sont privés du secours de Dieu, que ferai-je, moi qui me situe quelque part en dessous de toute intelligence imparfaite?

Mais toi, disciple et frère du Seigneur, pontife et apôtre, à la fois prophète et juste et paré du martyre, de tes prières viens m'aider à atteindre mon but, et donne-moi de dire tant bien que mal ce qui te concerne, que je ne dévie pas complètement de mon devoir, que je ne perde pas mon ardeur pour toi, et que je ne prête pas à rire comme ce malheureux qui, dans les Évangiles, voulait bâtir une tour et dont les passants se gaussaient avec raison.[j]

Allons donc, fort désormais de l'intercession du Juste, commençons notre sujet par où il convient le mieux de commencer.

Patrie, famille, enfance du saint

2. Que d'autres se glorifient des qualités mondaines, s'enorgueillissent de leur noblesse d'ici-bas, se vantent des futilités et croient honorable ce qui n'a aucune valeur. Pour Jacques, une chose suffit: on l'appelle frère du Seigneur. Sa patrie, c'est Jérusalem, la Jérusalem modèle dont l'artisan et le créateur est Dieu.[k] Son nom annonce sa vie: on l'appelle en effet ou bien

ἐκεῖνος Ἰακὼβ[1] ὀνομάζεται ἢ ὀβλίας, τουτέστιν περιοχὴ καὶ δίκαιος.[m] Οὕτω
γὰρ αὐτὸν οἱ τὰ κατ' αὐτὸν ἱστοροῦντές φασιν ἐπιλέγεσθαι. Τῆς μὲν οὖν ἐκ
παίδων ἀναστροφῆς αὐτοῦ γνώρισμα καθέστηκεν φανερώτατον τὸ οὕτως αὐτὸν
ὑπάρχειν τοῖς Ἰουδαίοις αἰδέσιμον, λαῷ σκληρῷ καὶ αὐθάδει καὶ μηδένα ποτὲ
10 τῶν προφητῶν ἢ δικαίων τιμήσαντι · ἀλλ' ὅμως τοῦ ἀνδρὸς τὸ ἐγκρατὲς καὶ
νηφάλιον καὶ τοὺς λίαν κακούργους Ἰουδαίους ἐνέτρεψεν καὶ τοῦτον τιμᾶν, καὶ
ἄκοντας, κατηνάγκασεν.

Ἐγὼ δὲ τῶν μετὰ τὴν ἀνάληψιν τοῦ Κυρίου πεπραγμένων τῷ ἀνδρὶ τὸν
λόγον ποιήσομαι.

III. Ἄρτι γὰρ **τοῦ μεγάλου θεοῦ καὶ σωτῆρος ἡμῶν Ἰησοῦ Χριστοῦ**[n]
τὸ κατὰ σάρκα μυστήριον ἐκτελέσαντος, ἡνίκα δι' ἡμᾶς ἐκ τῆς ἀειπαρθένου καὶ
θεοτόκου τεχθείς, σταυρῷ καὶ θανάτῳ καταλύσας τὸν θάνατον ἀνῆλθεν εἰς
οὐρανούς, ὅθεν ἡμῖν συγκαταβὰς κατελήλυθεν, εὐθὺς ἐκεῖνος ὁ μέγας Ἰάκωβος
5 τῆς ἐκκλησίας Ἰεροσολύμων κατέσχεν τοὺς οἴακας, πρῶτος τῆς αὐτόθι
παροικίας τὴν ἐπισκοπὴν κληρωσάμενος.

Δύο δὲ ὄντων τῶν ἀγόντων ἄνθρωπον εἰς τελείωσιν, θεωρίας ἅμα καὶ
πράξεως, ἐξ ὧν αἱ ἀρεταὶ τὸ κράτος εἰλήφασιν, ἐξεταστέον ἐν ἑκατέρῳ τοῦ ἀν-

ACRWDEVHP ; o depuis Ἐγὼ (II: 13) jusqu'à κληρωσάμενος (III: 6)

6 ὀνομάζεται : νομίζεται E, om. HP   ὀβλίας : ὠβλίας AC   δίκαιος : δικαιοσύνη W   7-
8 ἐκ παίδων : ἐκ παιδὸς WHP   8 ἀναστροφῆς : ἀνατροφῆς RVE   8-9 αὐτὸν ὑπάρχειν : ὑπάρχειν αὐτὸν WHP   9 σκληρῷ : καὶ σκληρῷ H   μηδένα : μηδὲ ἓν R   9-10 ποτὲ τῶν προφητῶν : ἀπό τε τῶν προφητῶν R, ἀπὸ τῶν προφητῶν W, τῶν προφητῶν ποτε HP
11 νηφάλιον : νηφάλεον RWP, νηφαλέον H   Ἰουδαίους : ἰουδαίοις R   ἐνέτρεψεν : ἀνέτρεψε C,
συνέτριψεν R, ἔτρεψεν W   13 τῶν : τῶ R   14 ποιήσομαι : ποιήσωμεν R

III. — 1 γὰρ : om. C   Ἰησοῦ Χριστοῦ : om. P   3 θεοτόκου : θ̄ε̄ο̄ῦ μαρίας R   4 ὅθεν ἡμῖν
συγκαταβὰς κατελήλυθεν : ὅθεν καὶ ἡμῖν συγκαταβὰς κατελήλυθεν VDE, ὅθεν ἡμῖν συγκαταβὰς
ἀνελήλυθεν AC slavon russe, ὅθεν ἡμῖν συγκαταβὰς εἰσελήλυθεν HP, om. R   ἐκεῖνος ὁ μέγας : ὁ
μέγας : ὁ μέγας ἐκεῖνος O   5 ἐκκλησίας : ἁγίας ἐκκλησίας H   αὐτόθι : αὐτόθεν W   7 ἄνθρωπον : τὸν ἀ̄ν̄ο̄ν̄ R   τελείωσιν : τελείαν R   8 αἱ : om. R   εἰλήφασιν : εἴληφαν W   ἑκατέρῳ :
ἑκατέρων R   8-9 τοῦ ἀνδρὸς τὸ εὐδόκιμον : τὸ τοῦ ἀνδρὸς εὐδόκιμον R, τοῦ ἀνδρὸς τοῦ
εὐδόκιμον E, τοῦ ἀνδρὸς τὸ εὐδοκίμον H

1 Cf. *Gen.*, 27, 36. Dans la Bible et chez les Pères (cf. LAMPE, *A Patristic Greek Lexicon*,
s.v. πτερνιστής), il est absolument habituel d'interpréter le nom de Jacob comme signifiant
πτερνιστής. Πτερνιστὴς τῶν παθῶν, avec sa résonance morale, est moins fréquent mais s'in-
scrit également dans une longue tradition puisqu'on la lit déjà chez Philon (*Legum Allegor.*
II, 89 et III, 93; cf. éd. P. COHN et P. WENDLAND, t. 1, Berlin, 1896, p. 108, lin. 17-18, et
p. 134, lin. 1) et qu'on la trouve encore, au VIIe s., chez S. Jean Climaque (cf. *P.G.* 88, 628
D 6).
m Cf. ci-dessous, x: 27-29.
n *Tit.*, 2, 13.

Supplanteur des passions, comme le vieux Jacob,[l] ou bien Oblias, c'est-à-dire Rempart et Juste;[m] c'est ainsi en effet qu'on le surnommait, disent ses historiens. Quant à ce que fut son mode de vie dès l'enfance, nous en avons un signe très clair dans le fait qu'il était tellement vénéré par les Juifs, un peuple dur et suffisant qui n'a jamais honoré aucun des prophètes ou des justes. Et pourtant, la continence et la sobriété de cet homme ont fléchi même les Juifs fort mauvais et les ont forcés, même de mauvais gré, à l'honorer.

Après l'Ascension

Mais pour moi,[10] ce que je raconterai, c'est ce que l'homme a fait après l'ascension du Seigneur.

3. Dès le moment en effet où notre grand Dieu et sauveur, Jésus-Christ,[n] eut achevé son mystère selon la chair, quand, après avoir été enfanté pour nous de la Mère de Dieu, toujours vierge, et après avoir, par sa croix et sa mort, détruit la mort, il remonta aux cieux d'où il était descendu à notre secours, immédiatement, le grand Jacques prit en mains les rênes de l'Église de Jérusalem, le premier à avoir obtenu l'épiscopat de la communauté de là-bas.

Préambule à la suite de l'exposé: idées et œuvres

Comme il y a deux choses qui conduisent un homme à la perfection, à la fois la contemplation et les œuvres,[11] et que c'est de ces deux choses que les

---

[10] Nous traduisons ainsi le Ἐγὼ δέ, lequel fait pendant à Ἄλλοι μὲν οὖν... σεμνυνέσθωσαν, «Que d'autres se glorifient...» (II: 1).

[11] Passage difficile à traduire: l'auteur se réfère au vieux schème classique: θεωρία (contemplation) et πρᾶξις (action). Mais sauf ici même et dans la phrase suivante, il substitue toujours τὸ θεωρητικόν à θεωρία; cela indique déjà que ce dernier mot ne lui convient pas beaucoup. De fait, nulle part dans le texte, on ne trouve quelque chose qui puisse être appelé la «contemplation» de Jacques. Mais, en évoluant, le mot grec θεωρητικός a fini par signifier «spéculatif». Ceci nous aide à comprendre que le θεωρητικόν dont il sera ici question, ce sont les idées de Jacques, la vue qu'il a des choses, par opposition à ses œuvres, à sa conduite réelle, à ce qu'il a fait (son πρακτικόν, sa πρᾶξις); c'est pratiquement le λόγος par rapport au βίος (cf. p. 39, n. 9). Mais en grec il existe entre θεωρία et θεωρητικόν un lien qui ne s'aperçoit plus si on traduit le premier mot par «contemplation» et le second par «idées». Nous avons tenté un compromis — boiteux, évidemment; mais toute traduction ne boite-t-elle pas nécessairement un peu? — en rendant θεωρία par «contemplation» et τὸ θεωρητικόν par la «vue qu'on a des choses». Pour πρᾶξις, nous avons gardé la traduction traditionnelle: les «œuvres», qui a l'avantage de faire allusion, comme notre texte un peu plus loin, à la querelle de la foi et des œuvres. Quant à τὸ πρακτικόν, par opposition à τὸ θεωρητικόν, nous l'avons traduit par «la conduite pratique».

δρὸς τὸ εὐδόκιμον. Ἀλλ' ἐπείπερ διὰ θεωρίας μάλιστα πρὸς θεὸν ἡ ἀνάβασις,
10 πρῶτον τὸ θεωρητικὸν τοῦ Ἰακώβου, ὡς οἷόν τέ ἐστιν, διεξέλθωμεν καὶ οὕτω
καὶ τὸ πρακτικὸν εἰς δύναμιν ἐξετάσωμεν. Πρέπει γάρ, πρέπει τῷ ἐπισκοπικῷ
ὀφθαλμῷ τῷ θεωρητικῷ πρὸ τῶν ἄλλων σεμνύνεσθαι, εἰ καὶ τὸ πρακτικὸν
ἐπίβασιν τοῦ θεωρητικοῦ ° τινες ὑπειλήφασιν. Ἐνταῦθα τοίνυν δεδόσθω κατὰ
συγχώρησιν τὸ θεωρητικὸν ἡγεῖσθαι τῆς πράξεως, ἐπείπερ τῷ πρακτικῷ τοῦ
15 δικαίου συνῆπται καὶ τὸ μαρτύριον.

IV. Ἀλλ' ἔστι κατανοῆσαι ὄντως ἐπίσκοπον **ποιμαίνοντα μετ'**
ἐπιστήμης ᵖ τὸ ποίμνιον τὸν τῇ καθολικῇ τοῦ ἀνδρὸς ἐπιστολῇ ἐντυγχάνοντα.
Εὐθὺς γὰρ ἐκ τῆς ἐπιγραφῆς δηλοῦται τοῦ ἁγίου τὸ μέτριον · **Ἰάκωβος**,
γάρ φησιν, **θεοῦ καὶ Κυρίου Ἰησοῦ Χριστοῦ δοῦλος, ταῖς δώδεκα φυλαῖς**
5 **ταῖς ἐν τῇ διασπορᾷ χαίρειν**. ᑫ Ἐξὸν γὰρ αὐτῷ **ἀπόστολον** καλεῖν ἑαυτὸν ἢ
ἐπίσκοπον ἤ, τό γε μεῖζον εἰπεῖν, **ἀδελφὸν τοῦ Κυρίου**, οἷς ὀνόμασιν αὐτὸν
καὶ Παῦλος γράφων Γαλάταις ἐγνώρισεν, ʳ ὁ δὲ τὸ μᾶλλον ἁρμοδιώτερον
πέπραχε καὶ δοῦλον ἑαυτὸν Χριστοῦ τοῦ θεοῦ ταῖς φυλαῖς τοῦ Ἰσραὴλ ἐνεφάνισεν · τούτῳ δὴ τούτῳ σεμνυνόμενος τῷ ὀνόματι καὶ ταπεινοφροσύνης
10 ἑαυτὸν παρέχων ὑπόδειγμα.
Οὐδὲν δὲ οἷον καὶ τῶν ἐκείνου ῥημάτων τῶν ἐν τῇ ἐπιστολῇ φερομένων ἐξ
ἐπιδρομῆς ἐνίων μνησθῆναι δι' ὧν δειχθήσεται τὸ ποικίλον τῆς διδασκαλικῆς
τοῦ δικαίου δυνάμεως.

ACRWDEVHP

9 μάλιστα : μᾶλλον W   10 διεξέλθωμεν : ἐξετάσωμεν W   οὕτω : οὕτως RWVDE   11 ἐξετάσωμεν : ἐξετάζωμεν H, ἐξετάζομεν AP, διεξέλθωμεν W   11-12 τῷ ἐπισκοπικῷ ὀφθαλμῷ τῷ
θεωρητικῷ : ἐπισκόπω τῶ θεωρητικόν W   12 εἰ καὶ τὸ : ὃ καὶ R   13 ἐπίβασιν : om. WDE,
ἡγεῖσθαι V   ὑπειλήφασιν : ἀπειλήφασιν P   14 τὸ θεωρητικὸν : τῶ θεωρητικῷ R   πρακτικῷ :
πρακτικὸν R

IV. — 2 ἐπιστολῇ : ἐπιστήμη καὶ ἐπιστολῇ P   3 ἐπιγραφῆς : ἐπιστολῆς W   ἁγίου : ἀνδρὸς W   3-8 Ἰάκωβος ... ἐνεφάνισεν : om. R   5 Ἐξὸν γὰρ αὐτῷ : ἐξ ὧν γὰρ αὐτῷ P, ἐξ ὧν
γὰρ W¹DE, ἐξὸν γὰρ W²V   6 ἤ : om. P   εἰπεῖν : om. P   οἷς ὀνόμασιν : οἷς ὠνόμασεν DE, ὡς
ὠνόμασεν V   7 ἐγνώρισεν : καὶ ἐγνώρισεν V, ἐδήλωσεν W   8 Ἰσραὴλ : ἰσδραὴλ H
10 παρέχων : παρέχει R   11 καὶ : om. V¹   12 διδασκαλικῆς : διδασκαλίας R
13 δυνάμεως : δινάμενως R

o GRÉG. DE NAZ., Contra Julianum oratio I, § 113 (P.G. 35, 649-652); id., Oratio XX
De dogmate et const. episc., § 12 (P.G. 35, 1080 B 4-5). Cf. également p. 83.
p Cf. Jer. 3, 15.
q Iac., 1, 1.
r Cf. Gal., 1, 19.

vertus prennent leur force, il faut examiner les mérites du personnage sur chacun de ces deux points. Mais, puisque c'est surtout par la contemplation que se fait la montée vers Dieu, nous exposerons d'abord, autant que possible, la vue que Jacques avait des choses et alors nous examinerons également, comme nous le pourrons, sa conduite pratique. Il convient en effet, oui, il convient à l'œil épiscopal de se glorifier de la vue qu'il a des choses[12] plus que du reste,[13] même si certains tiennent la conduite pratique comme ce qui mène à la vue qu'on a des choses.[o] Ici donc, accordons, concédons que la vue qu'on a des choses commande les œuvres, puisque d'ailleurs à la conduite pratique du Juste se rattache aussi son martyre.

L'univers intérieur de Jacques: (a) d'après sa lettre

4. Mais il peut vraiment observer un évêque qui fait paître son troupeau avec intelligence,[p] celui qui lit l'épître catholique de cet homme.

Dès l'adresse en effet se manifeste la modestie du saint: «Jacques, dit-il en effet, serviteur du Dieu et Seigneur Jésus-Christ,[14] aux douze tribus dans la diaspora, salut!»[q] Alors qu'il pouvait s'appeler apôtre ou évêque, ou, ce qui est sûrement plus grand, frère du Seigneur, noms par lesquels même Paul, écrivant aux Galates, l'a désigné,[r] il a agi avec bien plus de convenance et s'est présenté aux tribus d'Israël comme serviteur du Christ Dieu, ne se glorifiant que de ce nom-là, oui, que de ce nom-là, et se donnant en exemple d'humilité.

Mais rien de tel encore que de rappeler brièvement quelques-unes de ses phrases contenues dans la lettre: elles montreront la variété des talents du Juste pour enseigner.

[12] Dans ce passage difficile à traduire, un jeu de mots vient encore s'ajouter, cette fois tout à fait intraduisible: en grec, *ἐπισκοπικός* veut dire à la fois «épiscopal» et «du surveillant»; on comprend alors ce qui sous-tend la phrase «il convient, oui, il convient à l'œil du surveillant de se glorifier de la vue qu'il a des choses plus que du reste.»

[13] *Πρὸ τῶν ἄλλων* semble être une brachylogie pour *πρὸ τοῦ σεμνύνεσθαι τοῖς ἄλλοις*.

[14] Le texte de l'Épître devrait normalement se traduire: «serviteur de Dieu et du Seigneur Jésus-Christ», mais notre auteur, influencé par la théologie de son époque, a compris *θεοῦ* et *Κυρίου* comme désignant tous deux *Ἰησοῦ Χριστοῦ* (cf. plus bas: *δοῦλον ἑαυτὸν Χριστοῦ τοῦ θεοῦ ... ἐνεφάνισεν* [IV: 8]). D'où notre traduction.

Εὐθὺς γὰρ τῆς ἐπιστολῆς ἀπαρχόμενος καὶ τῷ προφητικῷ θεώμενος
15 πνεύματι ὅτι πάντα δεῖ τὸν τῷ θεῷ προσερχόμενον ἕτοιμον εἶναι πρὸς τὸ
πειράζεσθαι, πρὸς ὑπομονὴν ἀλείφει τοὺς πιστοὺς ἀκατάπληκτον, οἷά τις
παιδοτρίβης καλῶς γυμνάζειν εἰδὼς κατὰ νόμους ἀθλήσεως τοὺς πρὸς ἄθλησιν
πνευματικὴν διαβαίνοντας. Φησὶ γάρ · **Πᾶσαν χαρὰν ἡγήσασθε, ἀδελφοί**
μου, ὅταν πειρασμοῖς περιπέσητε ποικίλοις, εἰδότες ὅτι τὸ δοκίμιον
20 **ὑμῶν τῆς πίστεως ὑπομονὴν κατεργάζεται · ἡ δὲ ὑπομονὴ ἔργον τέλειον**
ἐχέτω, ἵνα ἦτε ἐν μηδενὶ λειπόμενοι. Εἰ δέ τις ὑμῶν λείπεται σοφίας,
αἰτείτω παρὰ τοῦ διδόντος θεοῦ πᾶσιν ἁπλῶς καὶ μὴ ὀνειδίζοντος. [s] Καὶ
σκόπει τοῦ ἁγίου τὸ ὕψος τῆς διαθέσεως · οὐ μόνον ἀλείφει πρὸς ὑπομονὴν
τοὺς πιστεύοντας, ἀλλὰ καὶ πᾶσαν χαρὰν ἡγεῖσθαι παρακελεύεται τὸ
25 πειράζεσθαι.

Ἐκεῖθεν τὸ ἀρχικὸν τῆς ψυχῆς ἐπιδείκνυται καὶ οἱονεὶ κατ' ἐξουσίαν
ὁριστικῶς ἀποφαίνεται · **Ἀνὴρ δίψυχος**, λέγων, **ἀκατάστατος ἐν πάσαις**
ταῖς ὁδοῖς αὐτοῦ. [t] Τὸ ταπεινοφρονεῖν διδάσκων αὖθις καὶ μὴ ἐπαίρεσθαι,
μηδὲ ἡγεῖσθαί τινος τὰ φθειρόμενα · **Καυχάσθω**, φησίν, **ὁ ἀδελφὸς ὁ**
30 **ταπεινὸς ἐν τῷ ὕψει αὐτοῦ · ὁ δὲ πλούσιος, ἐν τῇ ταπεινώσει αὐτοῦ.** [u] Διὰ
τῆς ἐπαλλαγῆς τοῦ ὕψους τῆς ταπεινώσεως στοιχειῶν ὁμοῦ καὶ πλουσίους καὶ
πένητας, καὶ ποιῶν δικαίαν τῶν ἐναντίων ἐξίσωσιν. Ἔνθεν μακαρίζει τοὺς
ὑπομένοντας καὶ στέφανον διαβεβαιοῦται τῆς ὑπομονῆς ἀντιδίδοσθαι · τί γὰρ
φησι ; **Μακάριος ἄνθρωπος ὃς ὑπομένει πειρασμόν, ὅτι δόκιμος**
35 **γενόμενος λήψεται τὸν στέφανον τῆς ζωῆς, ὃν προητοίμασεν ὁ θεὸς τοῖς**
ἀγαπῶσιν αὐτόν. [v]

ACRWDEVHP

15 πάντα : πάντοτε V   τὸν τῷ θεῷ προσερχόμενον : τὸν θῶ προσερχόμενον AC, προσερχόμενον τῶ θῶ R   16 ἀλείφει : ἀλείφων W, ἀλείφειν E   τις : τι P   17 καλῶς : καλὸς WHP
τοὺς : τοῖς WD   πρὸς ἄθλησιν : προάθλησιν R   18-19 ἀδελφοί μου : ἀδελφοί μου ἀγαπητοί
R   21 ἦτε : ἦτε τέλειοι VDE, ἦτε τέλειοι καὶ ὁλόκληροι HP   22 θεοῦ : om. P   23 ἁγίου :
δικαίου HP   οὐ μόνον : οὐ μόνον γὰρ R   ἀλείφει : ἀλείφειν E   24-25 τὸ πειράζεσθαι : τὸ οὖν
πειράζεσθαι R   26 Ἐκεῖθεν : om. R   ἐπιδείκνυται : ἐπιδείκνυνται W[1], ἐπιδείκνυσαι W[2]
28 Τὸ : ὅθεν τὸ R   αὖθις : πᾶσιν W   29 τινος : τι V   Καυχάσθω, φησίν : φησίν · καυχάσθω
R   29-30 ὁ ἀδελφὸς ὁ ταπεινὸς : ὁ ταπεινὸς ἀδελφὸς W   30 ὁ δὲ πλούσιος ἐν τῇ ταπεινώσει αὐτοῦ : om. P   31 ἐπαλλαγῆς : ἐναλλαγῆς CW, ἀπαλλαγῆς HP   ὕψους : ὕψους καὶ
ACHP   στοιχειῶν : στοιχείων H   32 δικαίαν : δικαίων RP, δίκαιον W   τῶν ἐναντίων :
τοὐναντίον W   Ἔνθεν : ἔνθεν καὶ VDE   33 ὑπομένοντας : ὑπομείναντας R   διαβεβαιοῦται :
διαβεβαιοῦσθαι W, om. P   34 ὑπομένει : ὑπομενεῖ HVDE, ὑπομείνει P   πειρασμόν : πειρασμοὺς
R   35 προητοίμασεν : ἐπηγγείλατο HPVDE   θεὸς : χ̅ς̅ HP

s Iac., 1, 2-5.
t Iac., 1, 8.
u Iac., 1, 9-10.
v Iac., 1, 12.

Dès le début de sa lettre, en effet, voyant par l'esprit prophétique que celui qui marche vers Dieu doit être prêt à subir toute épreuve, il encourage les croyants à une endurance inébranlable, tel un entraîneur qui sait bien exercer selon les règles de la lutte ceux qui passent à la lutte spirituelle. Il dit en effet: «Tenez pour une joie suprême, mes frères, de tomber dans toutes sortes d'épreuves, sachant que ce qui teste votre foi produit l'endurance, et que l'endurance s'accompagne d'une œuvre parfaite pour que vous ne soyez dépourvus en aucun domaine. Si l'un de vous est dépourvu de sagesse, qu'il la demande au Dieu qui donne à tous simplement et sans faire de reproches.»[s] Et regarde comme sont hautes les dispositions du saint: non seulement il encourage les croyants à l'endurance, mais il exhorte encore à tenir pour une joie suprême le fait d'être éprouvé.

Après cela, il fait voir la qualité dominante de l'âme et, comme avec autorité, il statue de manière définitive, en disant: «L'homme qui a l'âme partagée est inconstant en toutes ses voies.»[t]

A nouveau, il enseigne à être humble, à ne pas s'enorgueillir et à ne pas accorder de prix à ce qui périt: «Que le frère d'humble condition, dit-il, se glorifie de son élévation, et le riche de son abaissement,»[u] et en changeant la valeur de l'abaissement, il donne à la fois aux riches et aux pauvres l'enseignement élémentaire et fait un juste nivellement des contraires.

Ensuite, il déclare bienheureux ceux qui tiennent bon et certifie qu'une couronne est décernée pour prix de l'endurance. Que dit-il en effet? «Heureux l'homme qui endure l'épreuve parce que, une fois éprouvé, il recevra la couronne de la vie, que Dieu a préparée d'avance pour ceux qui l'aiment.»[v]

Εἶτα, οἷα προφήτης προγινώσκων τῷ πνεύματι ὅτι ἔσται χρόνος ὅτε
πλανώμενοι οἱ ἄνθρωποι αἴτιον τῶν κακῶν ἡγήσασθαι τὸν θεὸν οὐκ
ὀκνήσουσιν, τοῦτο θεραπεύων τὸ νόσημα, καθάπερ ἄριστος ἰατρὸς τοῖς
40 προφυλακτικοῖς χρώμενος βοηθήμασι, ταῦτα βοᾷ · **Μηδεὶς πειραζόμενος**
λεγέτω ὅτι ἀπὸ θεοῦ πειράζομαι · ὁ γὰρ θεὸς ἀπείραστός ἐστι κακῶν,
πειράζει δὲ αὐτὸς οὐδένα. [w]

V. Ἀλλ' οὐδὲ τὸ τραῦμα τῶν ἐκ πλάνης λεγόντων ὅτι ἐκ φύσεως ἡμῖν τὸ
ἁμαρτάνειν προσγίνεται εἴασεν ἀθεράπευτον. Φησὶ γὰρ καὶ περὶ τούτου ·
Ἕκαστος πειράζεται ὑπὸ τῆς ἰδίας ἐπιθυμίας ἐξελκόμενος καὶ δελεα-
ζόμενος · εἶτα ἡ ἐπιθυμία συλλαβοῦσα τίκτει ἁμαρτίαν · ἡ δὲ ἁμαρτία
5 **ἀποτελεσθεῖσα ἀποκυεῖ θάνατον.** [x]

Ἐκεῖθεν ὄψει τὸν ἅγιον παιδαγωγοῦντα τοὺς τελείους καὶ πείθοντα μὴ
πεποιθέναι ἐφ' ἑαυτοῖς μηδὲ οἰκείᾳ δυνάμει τὰς ἀρετὰς ἐπιγράφεσθαι. Λέγει
γὰρ · **Μὴ πλανᾶσθε, ἀδελφοί μου ἀγαπητοί · πᾶσα δόσις ἀγαθὴ καὶ πᾶν**
δώρημα τέλειον ἄνωθέν ἐστι, καταβαῖνον ἀπὸ τοῦ Πατρὸς τῶν φώτων,
10 **παρ' ᾧ οὐκ ἔστι παραλλαγὴ ἢ τροπῆς ἀποσκίασμα. Βουληθεὶς ἀπεκύησεν**
ἡμᾶς λόγῳ ἀληθείας, εἰς τὸ εἶναι ἡμᾶς ἀπαρχήν τινα τῶν αὐτοῦ κτι-
σμάτων. [y] Δείκνυσι δὲ ἐντεῦθεν ὅτι τε τὸ θεῖον παρεκτικὸν ἀγαθῶν ἐστιν,
ἄτρεπτόν τε καὶ ἀναλλοίωτον καὶ ὅτι κατ' εἰκόνα τοῦ κτίστου γενόμενοι, υἱοὶ
τοῦ κτίστου χρηματίζομεν χάριτι.
15 Ὅταν δὲ τὸ θεολογικὸν ἐδίδαξεν καὶ περὶ τὴν πρὸς θεὸν εὐσέβειαν ἐστοι-
χείωσεν, ὅρα πῶς καὶ τοῦ ἠθικοῦ μέρους ἐφρόντισεν. Οἷα γάρ τις νομοθέτης

ACRWDEVHP

37 οἷα προφήτης προγινώσκων : οἷα προγινώσκων D, προγινώσκων E   38 οἱ : om. W
τῶν : om. V   ἡγήσασθαι : ἡγεῖσθαι W   39 ὀκνήσουσιν : ὀκνήσωσιν W, ὀκνοῦσι H   τοῖς : καὶ
τοῖς R   40 προφυλακτικοῖς : προφυλτικοῖς H[1], προφυτικοῖς (pro προφητικοῖς?) H[2]
41 ἐστι : om. R

V. — 2 εἴασεν : εἴασθεν (sic) H   3 Ἕκαστος : ἕκαστος δὲ C, ἕκαστος τοίνυν R   ἰδίας :
οἰκείας W   5 ἀποκυεῖ : ἀποκύει CRWHE   6 παιδαγωγοῦντα : πάλιν παιδαγωγοῦντα R
πείθοντα : πείθονται R   8 πᾶσα : πᾶσα γὰρ VDE   10 ἔστι : ἔνι HP   Βουληθεὶς : βουληθεὶς
γὰρ RHP   12 δὲ : δ' HP, τοίνυν R   τε : om. RVD   παρεκτικὸν : παράκλησιν παρεκτικὸν R
ἀγαθῶν ἐστιν : ἐστιν ἀγαθῶν RVDE   15 περὶ τὴν πρὸς θεὸν : τὴν περὶ πρὸς θν̄ E, περὶ τὴν τὸν
θν̄ HP   16 τοῦ : om. R

w Iac., 1, 13.
x Iac., 1, 14-15.
y Iac., 1, 16-18.

Puis, tel un prophète, sachant à l'avance, dans l'Esprit, qu'il sera un temps où les hommes, égarés, n'hésiteront pas à tenir Dieu pour cause des malheurs, il soigne cette maladie; comme un médecin excellent, il utilise les remèdes préventifs et crie ceci: «Que nul, quand il est éprouvé, ne dise: 'C'est Dieu qui m'éprouve'; car Dieu n'éprouve pas le mal en lui, et lui-même n'éprouve personne.»[w]

5. Et de même, la blessure de ceux qui, dans leur égarement, disent que c'est à cause de notre nature qu'il nous arrive de pécher, il ne l'a pas laissée sans soins; car il dit aussi à ce propos: «Chacun est éprouvé par sa propre convoitise, qui l'entraîne et cherche à le séduire; puis, la convoitise, ayant conçu, enfante le péché, et le péché, consommé, engendre la mort.»[x]

Après cela, tu verras le saint éduquer les parfaits et les persuader de ne pas se fier à eux-mêmes et de ne pas attribuer leur vertu à leurs propres forces. Il dit en effet: «Ne vous égarez pas, mes frères bien-aimés, tout beau don et tout présent parfait vient d'en-haut, descendant du Père des lumières, chez qui il n'y a pas de changement ni ombre de variation. C'est librement qu'il nous a engendrés par une parole de vérité, afin que nous soyons comme les prémices de ses créatures.»[y] Par là il montre à la fois que la divinité est source de choses bonnes, qu'elle est immuable et invariable, et que, faits à l'image du Créateur, nous recevons par grâce le titre de fils du Créateur.

Après avoir enseigné la science de Dieu et les rudiments de la piété envers lui, vois comme il s'est également soucié du domaine moral. Tel en ef-

τοὺς ὑπηκόους παιδαγωγῶν πρὸς τὰ κάλλιστα, ταῦτά φησιν · Ἔστω πᾶς
ἄνθρωπος ταχὺς εἰς τὸ ἀκοῦσαι, βραδὺς εἰς τὸ λαλῆσαι, βραδὺς εἰς
ὀργήν · ὀργὴ γὰρ ἀνδρὸς δικαιοσύνην θεοῦ οὐ κατεργάζεται. ᶻ Δεδίδαχε
20 γὰρ διὰ τούτων ὅτι πραεῖς ἀναλαμβάνει ὁ Κύριος,ᵃ τοῖς δὲ ὀργιζομένοις
ὀργίζεται. Σωφροσύνης αὐτὸν ἐκεῖθεν ὄψει διδάσκαλον ἐμπυρώτατον · τί γὰρ
πρὸς τοὺς πιστεύοντας ἔγραφεν ; Ἀποθέμενοι πᾶσαν κακίαν καὶ ῥυπαρίαν
καὶ περίσσευμα καρδίας ἐν πραΰτητι δέξασθε τὸν ἔμφυτον λόγον τὸν
δυνάμενον σῶσαι καὶ οἰκοδομῆσαι τὰς ψυχὰς ὑμῶν. ᵇ

VI. Πῶς δὲ τὸν ἀληθινὸν χριστιανὸν ὡρίσατο μάθετε · θρησκεία, φησί,
καθαρὰ καὶ ἀμίαντος τῷ θεῷ καὶ πατρὶ αὔτη ἐστίν · ἐπισκέπτεσθαι ὀρ-
φανοὺς καὶ χήρας ἐν τῇ θλίψει αὐτῶν, ἄσπιλον ἑαυτὸν τηρεῖν ἀπο τοῦ
κόσμου.ᶜ Διὰ τούτων δὲ τῶν δύο ῥημάτων ἐδίδαξεν εὐποιητικὸν ὀφείλειν
5 ὑπάρχειν τὸν πιστὸν πάντως καὶ εὐμετάδοτον καὶ ἐν πᾶσι τοῖς ἐν τῷ κόσμῳ
ἄσπιλον καὶ ἀρύπαρον. Ἀλλ' οὐδὲ τῶν κατ' ἐπίδειξιν γινομένων ἠμέλησεν,
ἀλλὰ καὶ τούτου τοῦ πάθους τῆς ἐκτομῆς ἐστοχάσατο, διδάσκων ὅτι οὐ χρὴ τὸ
καλὸν κατ' ἐπίδειξιν γίνεσθαι · ἔφησε γάρ · Μὴ ἐν προσωποληψίαις ἔχετε,

ACRWDEVHP

17 τοὺς ὑπηκόους παιδαγωγῶν : τοῖς ὑπηκόοις παιδαγωγῶν W, νομοθετῶν τοὺς ὑπηκόους
καὶ παιδαγωγῶν HP   ταῦτά : ταῦτα δόγματά R   Ἔστω : ἔστω τοίνυν R   18 βραδὺς εἰς τὸ
λαλῆσαι : βραδὺς εἰς τὸ λαλῆσαι καὶ R, om. W   19 οὐ : om. R   Δεδίδαχε : δεδίχε Ε, δέδειχε
ACHP slavon russe   20 τούτων : τοῦτο RWDE   τοῖς δὲ ὀργιζομένοις : τοὺς δὲ ὀργιζομένους W
21 Σωφροσύνης : σωφροσύνης δὲ VDE, εἶτα σωφροσύνης R   ἐμπυρώτατον : ἐμπειρότατον
AC, ἐνπειρότατον W   22 κακίαν καὶ : om. WHPVDE   ῥυπαρίαν : om. H   23 περίσσευμα
καρδίας : περίσσευμα πονηρίας AC, περισσείαν κακίας HPVDE   πραΰτητι : πραότητι R
24 καὶ οἰκοδομῆσαι : om. HPVDE   ὑμῶν : ἡμῶν RPE

VI. — 1 ἀληθινὸν χριστιανὸν : χριστιανὸν τὸν ἀληθινὸν P   ὡρίσατο : ὥριστο W   1-
2 θρησκεία, φησί, καθαρὰ καὶ ἀμίαντος τῷ θεῷ καὶ πατρὶ αὔτη ἐστίν : θρησκεία, φησί, καθαρὰ
καὶ ἀμίαντος παρὰ τῶ θῶ καὶ πρῑ αὔτη ἐστίν VDE, θρησκεία, φησί, καθαρὰ καὶ ἀμίαντος παρὰ
θῶ πρῑ αὔτη ἐστίν HP, θρησκείαν, φησίν, καθαρὰν καὶ ἀμιάντως τῶ θῶ λατρεύσατε W
3 ἄσπιλον : καὶ ἄσπιλον R   ἑαυτὸν τηρεῖν : τηρεῖν ἑαυτὸν R   4 τούτων δὲ τῶν δύο : τούτων
τῶν δύο R, τῶν δύο δὲ τούτων HPVD, δὲ τῶν δύο τούτων E   ὀφείλειν : om. RW   5 πάντως
καὶ εὐμετάδοτον : om. P   τῷ : om. A   6 Ἀλλ' οὐδὲ... ἠμέλησεν : om. RW   7 τῆς
ἐκτομῆς : τὴν ἐκτομὴν HPVDE, τὴν τομὴν R   διδάσκων : διδάσκων γὰρ R   8 κατ' ἐπίδειξιν :
κατ' ἐπιτήδευσιν VDE   ἔφησε : φησὶ HPVDE   γάρ : om. R   8-9 Μὴ ἐν προσωποληψίαις
ἔχετε, ἀδελφοί : ἀδελφοί μου, μὴ ἐν προσωποληψίαις ἔχετε HPVDE

z Iac., 1, 19-20.
a Ps. 146, 6.
b Iac., 1, 21.
c Iac., 1, 27.

fet un législateur éduquant ses sujets à ce qu'il y a de mieux, il dit ceci: «Que tout homme soit prompt à écouter, lent à parler, lent à la colère, car la colère de l'homme ne réalise pas la justice de Dieu.»[z] Par ces mots en effet il enseigne que le Seigneur exalte les doux[a] mais se fâche contre ceux qui se fâchent.

Après cela, tu le verras enseigner la chasteté avec grande ardeur. Qu'écrivait-il en effet aux croyants? «Rejetez toute méchanceté, toute saleté, et tout ce qui déborde du cœur, et recevez avec douceur la parole qui a été plantée en vous, qui peut sauver et édifier vos âmes.»[b]

6. Et comment a-t-il défini le chrétien authentique? Écoutez: «La religion pure, dit-il, et sans tache pour le Dieu et Père, la voici: secourir les orphelins et les veuves dans leur détresse, se garder intact de toute souillure du monde.»[c] Par ces deux propositions, il a enseigné que le fidèle doit absolument faire le bien et être prompt au partage, et qu'en ce qui concerne toutes les choses du monde, il doit être intact de toute souillure et de toute flétrissure.

Et de même, il n'a pas négligé non plus ce qui se fait par ostentation: ce mal aussi, il a visé à le couper, enseignant que le bien ne doit pas se faire par ostentation. Il a dit en effet: «Ne mêlez pas, frères, à votre foi en notre

ἀδελφοί, τὴν πίστιν τοῦ Κυρίου ἡμῶν Ἰησοῦ Χριστοῦ τῆς δόξης.[d] Οὐδὲν
10 δὲ τῶν ὑπ' αὐτοῦ λεγομένων ἀμάρτυρον εἴασεν, ἀλλὰ πρὸς πᾶν τὸ λεγόμενον
ἐγγὺς τὸ παράδειγμα, φωτὸς ἡλιακοῦ τηλαυγέστερον, φωτίζον τοὺς ἐντυγ-
χάνοντας.[e]

Τίς δὲ τῆς πρὸς τὸν πλησίον ἀγάπης μετὰ θεὸν οὕτως ἐφρόντισεν; **Νόμον**
γὰρ ἔφη **βασιλικὸν** ἐκπληροῦν τὸν **ἀγαπῶντα τὸν πλησίον ὡς** ἑαυτόν.[f] Τίς
15 δὲ αὐτοῦ μὴ καταπλαγείη τὸ συμπαθὲς καὶ φιλάνθρωπον; Ἀνέλεον γάρ φησι
τὴν κρίσιν τῷ μὴ ποιήσαντι ἔλεος καὶ **κατακαυχᾶσθαι** πάντως προσήκειν
ἔλεον κρίσεως[g] καὶ τούτῳ διδόναι παρ' ἐκείνην τὰ νικητήρια, ὄντως φιλαν-
θρώπου θεοῦ μαθητὴς ἀψευδέστατος. Οὕτως δέ φησι **τὴν πίστιν** δεῖσθαι τῆς
πράξεως, ὡς δεῖται **τὸ σῶμα** τοῦ **πνεύματος** καὶ ταύτης **χωρὶς νεκρὰν** ὑπάρ-
20 χειν τινὰ καὶ ἀνόνητον.[h] Καὶ πείθει τοῦτο λέγων, εὐθὺς τὸν Ἀβραὰμ καὶ τὴν
Ῥαὰβ παράγων εἰς μάρτυρας, τὸν μὲν μετὰ τῆς πίστεως τὸν Ἰσαὰκ προσενέγκαντα, τὴν δὲ τοὺς κατασκόπους **ἑτέρᾳ ὁδῷ** παραπέμψασαν.[i]

VII. Καὶ τί με δεῖ λέγειν καθ' ἕκαστον; Οὗτος τὸ συμπαθὲς τῷ δικαίῳ
ἐκέρασεν· οὗτος **τῇ γλώσσῃ** δεσμὸν ἐπιτέθεικεν·[j] οὗτος καὶ σιωπᾶν καὶ
λαλεῖν κατὰ λόγον ἐδίδαξεν· οὗτος τὸ ψεῦδος ἐμίσησεν, **τὴν δὲ ἀλήθειαν**

ACRWDEVHP

9 τῆς δόξης : τοῦ βασιλέως τῆς δόξης R   Οὐδὲν : οὐδὲ W¹   10 ἀμάρτυρον εἴασεν : εἴασεν
ἀμάρτυρον HPVDE   11 ἡλιακοῦ : ἡλιακῆς H   13 Τίς δὲ τῆς : τῆς δὲ τῆς WHPD, τῆς δὲ VE
ἐφρόντισεν : ἐφρόντισεν ὡς ἁρμόδιον ἐτύγχανε V   14 ἐκπληροῦν τὸν ἀγαπῶντα : ἐκπληροῦμεν
ἀγαπῶντες W² supra rasuram   ἑαυτόν : ἑαυτούς W   15 Ἀνέλεον : ἀνίλεων AHPVDE
16 τὴν κρίσιν : τῇ κρίσει R   πάντως προσήκειν : πάντως προσήκει R, πάντως W, om. C
17 ἔλεον : ἔλεος HPE   τούτῳ : τοῦτο RWHPVDE   ἐκείνην : ἐκείνη W   18 μαθητὴς ἀψευδέστατος : ἀψευδέστατος μαθητὴς RW   Οὕτως δέ : οὕτω δὲ W¹HP, οὕτως δεῖ R   τὴν πίστιν
δεῖσθαι : δεῖσθαι τὴν πίστιν PV   19 τὸ : om. A   ταύτης : ταύτην R   νεκρὰν : νεκρὸν R
20 ἀνόνητον : ἀνθρωπονόητον HPDE   πείθει τοῦτο : τοῦτο πείθει HPVDE   λέγων : om. R
21 παράγων : παραγαγὼν P   εἰς : om. R   μάρτυρας : μαρτυρίας V   τῆς : om. AV   21-
22 προσενέγκαντα : προσενεγκόντα CRV   22 παραπέμψασαν : προπέμψασαν A

VII. — 1 τί με δεῖ : τί μέλλομεν R, τί μελεῖ (?) W¹, τί μέλλω W²   καθ' ἕκαστον : τὰ
καθ' ἕκαστον VDE, καθ' ἕκαστον τῶν αὐτοῦ κατορθωμάτων R   2 ἐκέρασεν : ἐκέρασεν· οὗτος
τὸ ἀσυμπαθὲς δικαίως ἐμίσησεν C   δεσμὸν : θεσμὸν AC   οὗτος² : οὕτως E

d Iac., 2, 1.
e Cf. Iac., 2, 2-3.
f Cf. Iac., 2, 8.
g Cf. Iac., 2, 13.
h Cf. Iac., 2, 14-26.
i Cf. Iac., 2, 21-25.
j Cf. Iac., 3, 2-12.

glorieux Seigneur, Jésus-Christ, des attitudes différentes selon les gens que vous avez devant vous.»[d] Et il n'a laissé aucun de ses dires dépourvu de témoins: pour chacun de ses dires, au contraire, l'exemple est là, qui illumine les lecteurs avec plus de clarté que la lumière du soleil.[e]

Et qui eut un tel souci de l'amour du prochain après Dieu?[15] Celui-là, dit-il en effet, accomplit la loi royale, qui aime son prochain comme lui-même.[f]

Qui ne serait frappé devant sa compassion et son amour des hommes? Le jugement, dit-il en effet, sera sans miséricorde pour qui n'aura pas fait miséricorde, et il convient absolument que la miséricorde se moque du jugement[g] et que l'on donne la victoire à la miséricorde plutôt qu'au jugement; il est ainsi réellement le disciple tout à fait authentique de Dieu qui aime les hommes.[16]

Et il dit que la foi a besoin des œuvres exactement comme le corps a besoin du souffle, et que, sans ces œuvres, la foi est comme morte et inutile.[h] Et, disant cela, il convainc, car il amène immédiatement Abraham et Raab comme témoins, le premier, qui, avec la foi, offrit Isaac, et la seconde, qui renvoya les espions par un autre chemin.[i]

7. Mais que me faut-il détailler chaque chose? Il a mêlé la compassion à la justice, il a imposé une bride à la langue,[j] il a enseigné et à se taire et à parler selon la raison, il a haï le mensonge et a éduqué à l'amour de la

---

[15] Il est quasi certain que le texte veut dire: «Qui eut un tel souci de l'amour du prochain après s'être soucié de l'amour de Dieu?» et non «Qui, Dieu mis à part, eut un tel souci de l'amour du prochain?» Nous avons cependant gardé en français la brachylogie ambiguë du grec. Le slavon russe a compris le texte dans le premier des deux sens donnés: *Кто убо отъ любве, яже къ ближнему, тако попеклься?* (col. 1809, lin. 18-19).

[16] On pourrait aussi traduire: «il est ainsi le disciple tout à fait authentique de Dieu qui aime réellement les hommes.»

ἀγαπᾶν ἐξεπαίδευσεν · ᵏ οὗτος τὸ **καταλαλεῖν ἀλλήλων ἢ κρίνειν** τὸν ἕτερον
5 εἰς αὐτὸν ἁμαρτάνειν τὸν **νόμον** ἐκήρυξεν · ˡ οὗτος **πλουσίοις** καὶ πένησιν
ἀπονέμει τὰ πρόσφορα καὶ τοὺς μὲν μὴ ἐλπίζειν ἐπὶ **πλούτῳ** παρακελεύεται, ᵐ
τοὺς δὲ **μακροθυμεῖν** ὡς ληψομένους μισθὸν **τῆς ὑπομονῆς** ἀναφαίρετον. ⁿ
Ἐκείνων μὲν γὰρ ἔλεγχον τῆς ἀπληστίας τὸν πλοῦτον προβάλλεται · τούτοις
δὲ ὡς προφήτης **πρὸ τῶν θυρῶν ἑστηκέναι** τὸν κρίνοντα δικαίως
10 εὐαγγελίζεται. º

Ἀκοῦσαι δὲ καλὸν αὐτῶν τῶν τοῦ δικαίου ῥημάτων οἷα γέγραφεν ἐθέλων
πεῖσαι τὸ ὀμνύειν ἐκτρέπεσθαι, διὰ πάντων δὲ τιμᾶν καὶ ἀγαπᾶν τὴν ἀλήθειαν
καὶ μηδέποτε ψεύδεσθαι · **Πρὸ πάντων**, γάρ φησιν, **ἀδελφοί μου, μὴ
ὀμνύετε ὅλως μήτε τὸν οὐρανόν, μήτε τὴν γῆν, μήτε ἄλλον ὅρκον τινά.**
15 **Ἔστω δὲ ὑμῶν τὸ ναὶ ναὶ καὶ τὸ οὒ οὔ, ἵνα μὴ εἰς ὑπόκρισιν πέσητε.** ᵖ
Τοὺς εὐθυμοῦντας ψάλλειν ἐδίδαξεν, τοὺς ἀθυμοῦντας **προσεύχεσθαι**, τοὺς
ἀσθενοῦντας ἐλαίῳ μετὰ προσευχῆς ἱερέων **ἀλείφεσθαι**, ὡς **τῆς εὐχῆς** τῆς
δι' ἔργων βοηθουμένης τὸ **ἰσχύειν** μεγάλως ἐχούσης. ۹ Καὶ συντόμως εἰπεῖν, οὐκ
ἔστιν εἶδος διδασκαλίας ῥυθμιζούσης λόγῳ ἢ ἔργῳ τὸν ἄνθρωπον ὃ τῇ ἐπιστολῇ
20 τοῦ Ἰακώβου μὴ περιέχεται. Καὶ τί λέγω τὰ πλείονα, ἐξὸν ἐντυγχάνειν τὸν
θέλοντα κἀκεῖθεν γινώσκειν ὅσον ἐστὶ τοῦ δικαίου τὸ μέγεθος ;

ACRWDEVHP

4 τὸ : om. AC　　5 ἁμαρτάνειν τὸν νόμον : τὸν νόμον ἁμαρτάνειν H, ἁμαρτάνει τὸν τοῦ
νόμου x̄v̄ R　　7 μακροθυμεῖν : παρακελεύεται μακροθυμεῖν H　　τῆς ὑπομονῆς ἀναφαίρετον : τῆς
ὑπομονῆς, ἀναφέρεται R, ἀναφαίρετον τῆς ὑπομονῆς HPDE, ἀναφαίρετον τῆς ὑπομονῆς ὑπο-
τίθησιν V　　8 ἔλεγχον : ἐλέγχων WHPDE, ἐλέγχων τὴν εὐσπλαγχνίαν R　　προβάλλεται :
παραβάλλεται W　　11 καλὸν αὐτῶν τῶν : τῶν καλῶν αὐτοῦ (?) W¹, τῶν καλῶν αὐτῶν W²
γέγραφεν ἐθέλων : γεγραφέναι θέλων W, γέγραφεν · θέλων γὰρ R　　12 πεῖσαι : πεῖσαι ἅπασιν
R, ποιῆσαι W　　τὸ ὀμνύειν ἐκτρέπεσθαι : ἐκτρέπεσθαι τὸ ὀμνύειν R　　δὲ : γὰρ DE　　καὶ
ἀγαπᾶν : om. W　　13 ψεύδεσθαι : ψεύδεσθαι, φησίν R　　γάρ φησιν : om. W　　ἀδελφοί μου :
ἀδελφοί μου ἀγαπητοί R　　14 ὅλως μήτε τὸν οὐρανόν : τὸν θ̄ν̄ τοῦ οὐ̄νοῦ̄ W　　ὅρκον τινά : τινὰ
ὅρκον WHPVDE　　15 Ἔστω δὲ : ἔσται δὲ ἡμῖν P　　εἰς ὑπόκρισιν : ὑπὸ κρίσιν HP
16 ψάλλειν ... ἀθυμοῦντας : om. A, διδάσκει C　　17 ἐλαίῳ : ἔλαιον W　　ἱερέων : om. W
17-18 τῆς δι' ἔργων : δι' ἔργων W　　19 τῇ ἐπιστολῇ : ἡ ἐπιστολὴ HPVDE　　20 μὴ : οὐ W
περιέχεται : περιέρχεσθαι R　　ἐξὸν : ἐξ ὧν APDE　　20-21 τὸν θέλοντα : om. R

k Cf. Iac., 3, 14.
l Cf. Iac., 4, 11.
m Cf. Iac., 4, 13 - 5, 6.
n Cf. Iac., 5, 7-11.
o Cf. Iac., 5, 9.
p Iac., 5, 12.
q Cf. Iac., 5, 13-16.

vérité,[k] il a proclamé que médire les uns des autres ou juger autrui, c'est pécher contre la loi elle-même;[l] aux riches et aux pauvres, il distribue ce qui leur convient et exhorte les uns à ne pas espérer dans la richesse,[m] les autres à prendre patience car, pense-t-il, ils recevront pour leur endurance une récompense qu'on ne pourra leur enlever;[n] il attire en effet l'attention sur la richesse comme preuve de l'insatiabilité des premiers; et aux seconds, comme un prophète, il annonce la bonne nouvelle que se tient aux portes celui qui juge avec justice.[o]

Mais il est bon d'entendre les phrases mêmes du Juste, telles qu'il les a écrites lorsqu'il voulait convaincre de renoncer au serment, de respecter et d'aimer à travers tout la vérité et de ne jamais mentir: «Avant tout, dit-il en effet, mes frères, ne jurez pas du tout, ni par le ciel, ni par la terre, ni par un autre serment, quel qu'il soit. Que votre oui soit oui, et votre non, non, afin que vous ne tombiez pas dans l'hypocrisie.»[p]

A ceux qui sont dans la joie, il a appris à chanter des cantiques, à ceux qui sont abattus, à prier, aux malades à se faire oindre d'huile pendant que des prêtres prient car, pensait-il, la prière aidée de gestes possède une grande efficacité.[q]

Et, en un mot, il n'est sorte d'enseignement réglant l'homme en ses paroles ou en ses actes, qui ne soit contenu dans la lettre de Jacques. Et pourquoi parler davantage, puisqu'il est loisible à qui le veut de la lire et d'y apprendre quelle est la grandeur du Juste?

VIII. Ἔστιν δὲ αὐτοῦ κἀντεῦθεν μαθεῖν τὸ ἀρχικὸν καὶ νηφάλιον.
Ζήτησις κατὰ τὴν Ἀντιόχειαν **γέγονεν** εἰ δεῖ τοὺς ἐξ ἐθνῶν προσερχομένους
τῷ λόγῳ τῆς χάριτος κατὰ τὸ ἔθος Μωυσέως λοιπὸν **περιτέμνεσθαι.** Οἱ
ἀδελφοὶ τοίνυν οἱ ὄντες εἰς Ἀντιόχειαν τοῖς ἀποστόλοις τὴν κρίσιν τοῖς οὖσιν
5 ἐν Ἱεροσολύμοις ἀνέθεντο, **Παύλου καὶ τοῦ Βαρνάβα** διακονούντων πρὸς τὸ
ζητούμενον.[r] Τῆς δὲ ἐκκλησίας τῆς οὔσης εἰς τὰ Ἱεροσόλυμα συναθροισθείσης
εἰς τοῦτο καὶ **Πέτρου** τοῦ τῶν ἀποστόλων ἐκκρίτου προϊσταμένου τῆς πίστεως
καὶ τὰ τῆς εὐσεβείας διδάσκοντος λόγια,[s] **ἀπεκρίθη** μετ' αὐτὸν ὁ **Ἰάκωβος**[t]
ἐπὶ λέξεως ταῦτα · Ἄνδρες ἀδελφοί, Συμεὼν ἐξηγήσατο **καθὼς πρῶτον ὁ**
10 **θεὸς ἐπεσκέψατο λαβεῖν ἐξ ἐθνῶν λαὸν τῷ ὀνόματι αὐτοῦ · καὶ τούτῳ**
συμφωνοῦσιν οἱ λόγοι τῶν προφητῶν.[u] Εἶτα ἐπειπὼν τοῦ προφήτου τὰ
ῥήματα,[v] ψῆφον τῶν ζητουμένων ἐπήγαγεν ἔχουσαν οὕτως · **Κρίνω ἐγὼ μὴ**
παρενοχλεῖν τοῖς ἀπὸ τῶν ἐθνῶν ἐπιστρέφουσιν ἐπὶ τὸν θεόν, ἀλλ' ἐπι-
στεῖλαι αὐτοῖς ἀπέχεσθαι ἀπὸ τῶν ἀλισγημάτων τῶν εἰδώλων καὶ τῆς
15 **πορνείας καὶ τοῦ αἵματος καὶ τοῦ πνικτοῦ.**[w] Καὶ ὁ λόγος ἔργον ἐγένετο
καὶ τοιοῦτον τύπον οἱ ἀπόστολοι ἔγραψαν, οἷον Ἰάκωβος ἔκρινεν καὶ οὕτως τῇ
ἐκκλησίᾳ ἐνομοθέτησαν ὡς ἐκείνῳ συνήρεσεν.[x] Οὕτω καὶ παρὰ τοῖς ἀποστόλοις
ὁ ἀνὴρ ὑπῆρχεν αἰδέσιμος.

ACRWODEVHP

VIII. — 1 τὸ : om. RW   νηφάλιον : νηφάλεον WP, νηφαλέον H   2 Ζήτησις : ζήτησις οὖν
H   εἰ δεῖ : ἤδη R   3 λόγῳ : λόγῳ μὲν O   Μωυσέως : μωσέως ACR, τοῦ μωϋσέως V   λοιπὸν
περιτέμνεσθαι : περιτέμνεσθαι ἀναγκαζομένων τοῖς ἐκ περιτομῆς O   4 ὄντες εἰς Ἀντιόχειαν : ἐν
ἀντιοχείᾳ O   4-5 τὴν κρίσιν τοῖς οὖσιν ἐν Ἱεροσολύμοις : τοῖς οὖσιν ἐν ἱεροσολύμοις τὴν κρίσιν
O   5 ἀνέθεντο : ἀπέθεντο W   τοῦ : om. E   διακονούντων : διακονοῦντος P, διαπορούντων W[2]
6 τῆς οὔσης εἰς τὰ Ἱεροσόλυμα : τῆς οὔσης εἰς ἱεροσόλυμα RWE[1], τοῖς οὖσιν ἐν ἱεροσολύμοις
O   7 εἰς τοῦτο : ἐκ τούτῳ O   ἐκκρίτου : ἐγκρίτου ACO   8 μετ' αὐτὸν ὁ Ἰάκωβος : ὁ ἰάκωβος
μετ' αὐτὸν P, μετ' αὐτὸν ἰάκωβος ROV, μετ' αὐτῶν ἰάκωβος W, μετ' αὐτοῦ A   9 ταῦτα :
οὕτως O   9-10 πρῶτον ὁ θεὸς : ὁ θς̄ πρῶτον R   10 τούτῳ : τοῦτο R   11 ἐπειπὼν τοῦ :
ἐπιπόντος R, ἐπιπόντως W   τὰ : om. R   12 τῶν ζητουμένων : τοῦ ζητουμένου HPVDE, τῶ
ζητουμένω A   12-13 μὴ παρενοχλεῖν : om. E   13 τοῖς ἀπὸ τῶν ἐθνῶν ἐπιστρέφουσιν ἐπὶ :
τοὺς ἀπὸ τῶν ἐθνῶν ἐπιστρέφοντας πρὸς P   14 ἀλισγημάτων τῶν : αἰλησγιμάτων O   καὶ :
om. C   16 καὶ τοιοῦτον : τοιοῦτον γὰρ R   Ἰάκωβος : ὁ ἰάκωβος CVDE, ὁ μέγας ἰάκωβος ὁ
ἀδελφὸς τοῦ χῡ R   16-17 καὶ οὕτως (οὕτω H) τῇ ἐκκλησίᾳ (τῆς ἐκκλησίας A, τῇ ἐκκλησίᾳ
τοῦ θῡ R) ἐνομοθέτησαν ὡς ἐκείνῳ συνήρεσεν : om. O   17 Οὕτω : οὗτος O   18 ὁ : om. O

r   Cf. *Act.*, 15, 1-2.
s   Cf. *Act.*, 15, 6-11.
t   Cf. *Act.*, 15, 13.
u   *Act.*, 15, 14-15.
v   Cf. *Act.*, 15, 16-18.
w   *Act.*, 15, 19-20.
x   Cf. *Act.*, 15, 22-29.

(b) autorité et sagesse de Jacques au «Concile de Jérusalem»

8. Mais on peut encore apprendre à ceci son autorité[17] et sa sagesse. Une question fut soulevée à Antioche: fallait-il que ceux des gentils qui venaient à la parole de grâce fussent encore circoncis selon la coutume de Moïse? Les frères qui se trouvaient à Antioche remirent donc la décision aux apôtres qui se trouvaient à Jérusalem, Paul et Barnabé recevant mission à propos du point qui faisait question.[r] Comme l'Église de Jérusalem s'était réunie à cet effet et que Pierre, le premier des apôtres, présidait à la foi et enseignait les paroles de la piété,[s] Jacques prit la parole après lui[t] et dit, à la lettre, ces mots: «Frères, Syméon a expliqué comment, dès le début, Dieu a veillé à prendre parmi les nations païennes un peuple à son nom; et les paroles des prophètes sont en accord avec lui.»[u] Puis, après avoir encore dit les paroles du prophète,[v] il ajouta son avis sur les points en question. Tel en était le contenu: «Je suis d'avis, quant à moi, de ne pas accumuler les obstacles devant ceux des nations païennes qui se convertissent à Dieu. Qu'on leur écrive simplement de s'abstenir des souillures des idoles, de la fornication, du sang et de la viande étouffée.»[w] Et sa parole devint réalité: les apôtres écrivirent dans le sens de ce que Jacques avait émis comme jugement et c'est selon ce qui lui avait paru convenable qu'ils légiférèrent pour l'Église.[x] Voilà combien cet homme était vénéré, même parmi les apôtres!

---

[17] Dans cette section où il traite des idées de Jacques, de sa vue des choses (cf. p. 43, n. 11), l'auteur insère aussi ce qui concerne l'autorité morale du frère du Seigneur. Est-ce le signe qu'il ne parvient pas à faire rentrer parfaitement sa matière dans le plan qu'il s'est fixé? Nous le pensons. A moins cependant que ce ne soit nous qui ne saisissons pas bien toute la portée de τὸ θεωρητικόν.

IX. Ἀλλ' ἔστιν ἀκοῦσαι καὶ Παύλου οἷα περὶ αὐτοῦ Γαλάταις ἐπέσταλκεν ·
Ἀνῆλθον, φησίν, εἰς Ἱεροσόλυμα ἱστορῆσαι Πέτρον, ἔτερον δὲ τῶν
ἀποστόλων οὐκ εἶδον εἰ μὴ Ἰάκωβον τὸν ἀδελφὸν τοῦ Κυρίου,ʸ ὡς
μεγάλου τινὸς ὄντως καὶ τιμίου καὶ τοῦ ἰδεῖν τὸν Ἰάκωβον.

5 Οἷος δέ ἐστιν αὐτῷ τῷ Παύλῳ παραινῶν ὁ Ἰάκωβος, ἐκ τῶν Πράξεων τῶν
Ἀποστόλων ἀκούσατε · Γενομένων γάρ ἡμῶν, φησὶν ἐκεῖ ὁ Λουκᾶς, εἰς
Ἱεροσόλυμα, ἀπεδέξαντο ἡμᾶς πάντες οἱ ἀδελφοί. Τῇ δὲ ἐπιούσῃ εἰσῆλθεν
ὁ Παῦλος σὺν ἡμῖν πρὸς Ἰάκωβον, πάντες τε παρεγένοντο πρὸς αὐτὸν οἱ
πρεσβύτεροι. Καὶ ἀσπασάμενος αὐτούς, ἐξηγήσατο καθ' ἓν ἕκαστον ὧν ὁ
10 θεὸς ἐποίησεν ἐν τοῖς ἔθνεσιν διὰ τῆς διακονίας αὐτοῦ. Οἱ δὲ ἀκούσαν-
τες ἐδόξασαν τὸν θεόν, εἰπόντες τῷ Παύλῳ · «Θεωρεῖς, ἀδελφέ, πόσαι
μυριάδες εἰσὶν ἐν τοῖς Ἰουδαίοις τῶν πεπιστευκότων, καὶ πάντες
ζηλωταὶ τοῦ νόμου ὑπάρχουσιν · κατηχήθησαν δὲ περὶ σοῦ ὅτι ἀπο-
στασίαν διδάσκεις ἀπὸ Μωυσέως τοὺς κατὰ τὰ ἔθνη πάντας Ἰουδαίους.
15 Ἀλλὰ τοῦτο ποίησον ὅ σοι λέγομεν · ἁγνίσθητι σὺν τοῖς οὖσιν ἀδελφοῖς καὶ
δαπάνησον, καὶ γνώσονται ὅτι περὶ ὧν κατήχηνται περὶ σοῦ οὐδέν
ἐστιν.»ᶻ Πάντως δὲ δέον τοῦ Ἰακώβου ταῦτα ὑπολαμβάνειν τὰ ῥήματα ὡς
αὐτοῦ τῆς ἐκκλησίας κατάρχοντος. Τοσοῦτον ἦν ὁ Ἰάκωβος οἰκονομικὸς καὶ
μέγας καὶ ἀξιέραστος. Καὶ καταυθεντεῖν ἐθάρρει ἐν τοῖς ζητήμασιν, ὡς
20 ἀδελφὸς τοῦ Κυρίου, οἴκοθεν λαβὼν ἐξουσίαν παρρησιάζεσθαι, τῷ τε καιρῷ
καὶ τῇ χρείᾳ συμμεταβάλλων τὸ κήρυγμα. Καὶ παρὰ τοῖς ἀποστόλοις λέγων
ἠκούετο, καὶ τοῖς λεγομένοις οὐδεὶς ἀντιλέγειν ἠνείχετο.

Ἐν τίνι δὲ καὶ Ἰούδας ὁ τὴν ἑβδόμην ἐπιστολὴν τῶν καθολικῶν γράψας

ACRWDEVHP ; O jusqu'à Ἰάκωβον (4)

IX. — 1 καὶ : καὶ παρὰ O   ἐπέσταλκεν : ἀπέσταλκεν WHP, ἀπέστειλεν R   2 Ἱεροσόλυμα :
τὰ ἱεροσόλυμα R   3-4 ὡς μεγάλου τινὸς ὄντως : ὄντως ὡς μεγάλου τινὸς R, ὡς μεγάλου τινὸς
ὄντος CVDE   4 τιμίου : τιμίου πράγματος R   καὶ τοῦ : τοῦ καὶ μόνον R, καὶ τὸ OHP, τὸ καὶ
VDE   6 ἡμῶν, φησὶν : ἡμῶν εἰς ἱεροσόλυμά φησιν R, φησιν ἡμῶν HPVDE   ἐκεῖ : om. RV   6-
7 εἰς Ἱεροσόλυμα : om. R   7 οἱ ἀδελφοί : οἱ ἀδελφοὶ χαίροντες R   ἐπιούσῃ : ἐπιούσῃ νυκτὶ H
8 τε : δὲ WH   9 ἐν : ἕνα W   10 ἐν : om. AC   διὰ τῆς διακονίας : εἰς διακονίαν P
αὐτοῦ : αὐτῶν W   14 Μωυσέως : μωσέως ACRW   τὰ : om. R   πάντας : πάντα W   15 ὅ
σοι : ὥς σοι VDE   οὖσιν : om. H   16 ὅτι : om. W   17 δὲ : om. HPVDE   ταῦτα ὑπολαμβάνειν : ὑπολαμβάνειν ταῦτα CW, ὑπολαμβάνειν P   18 ἦν : om. W   ὁ Ἰάκωβος : ὁ μέγας
ἰάκωβος R   οἰκονομικὸς : οἰκονόμος τῶν πάντων R   19 μέγας : διδάσκαλος καὶ μέγας ἀρχιερεὺς R   Καὶ² : ὥστε καὶ R   20 τε : om. A   καιρῷ : κλήρω W   21 συμμεταβάλλων : συμ-
μεταβαλὼν RH   22 λεγομένοις : λεγομένοις ὑπ' αὐτοῦ R   ἠνείχετο : ἠνέσχετο PE   23 Ἐν
τίνι δὲ : ἐν τίνι P, ἔστιν δὲ W, ἔστην δὲ R   τῶν καθολικῶν : τῶι καθολικῶι V

y Gal., 1, 18-19.
z Act., 21, 17-24.

(c) autorité de Jacques d'après le chap. 21 des Actes et d'après Jude

9. Mais on peut encore écouter ce que Paul a écrit aux Galates à son sujet: «Je suis monté à Jérusalem, dit-il, pour faire la connaissance de Pierre;
et je ne vis pas d'autre apôtre, sinon Jacques, le frère du Seigneur»,[y] car
c'était quelque chose de grand, réellement, et d'honorable, rien que de voir
Jacques.

Et quelle est l'influence de Jacques quand il conseille Paul lui-même?
Écoutez-le d'après les Actes des apôtres: «A notre arrivée à Jérusalem», y
dit Luc, «tous les frères nous accueillirent. Le lendemain, Paul se rendit
avec nous chez Jacques; tous les anciens étaient également venus chez lui.
Après les avoir salués, il expliqua en détail tout ce que Dieu avait fait parmi
les nations païennes par son ministère. Eux, en l'entendant, glorifièrent
Dieu et dirent à Paul: 'Tu vois, frère, combien de dizaines de milliers de
gens parmi les Juifs ont adhéré à la foi, et tous sont d'ardents partisans de
la Loi. On leur a raconté à ton sujet que tu enseignes l'abandon de Moïse à
tous les Juifs qui vivent parmi les nations païennes. Mais fais ce que nous te
disons: purifie-toi avec les frères qui sont là et charge-toi des dépenses. Et
on saura qu'il n'en est rien de ce qu'on a raconté à ton sujet'.»[z] En tout cas,
il faut supposer que ces paroles étaient de Jacques, puisque c'était lui qui
était à la tête de l'Église. Telle était l'habileté de Jacques à diriger, sa grandeur et la séduction qu'il exerçait. Et il osait agir avec autorité quand des
questions étaient soulevées, comme frère du Seigneur, ayant par sa
naissance le pouvoir de parler en toute liberté et adaptant la prédication
d'après les moments et les nécessités. Et quand il parlait parmi les apôtres,
on l'écoutait et, ce qu'il disait, personne n'avait l'audace d'y contredire.

Et même Jude, qui a écrit la septième des épîtres catholiques, de quoi se

σεμνύνεται ; οὐκ ἐν τῷ εἶναι καὶ λέγεσθαι τοῦ μὲν Κυρίου δοῦλος, ἀδελφὸς δὲ
25 ὑπάρχειν τοῦ θαυμαστοῦ Ἰακώβου ; Ἀνάγνωθι τὴν ἐπιγραφὴν τῆς ἐπιστολῆς
αὐτοῦ καὶ γνώσῃ καὶ τὴν ἐκείνου διάνοιαν. Τί γάρ φησιν ; Ἰούδας, Ἰησοῦ
Χριστοῦ δοῦλος, ἀδελφὸς δὲ Ἰακώβου, τοῖς ἐν θεῷ Πατρὶ ἠγαπημένοις
καὶ Ἰησοῦ Χριστῷ τετηρημένοις, ἔλεος ὑμῖν καὶ εἰρήνη.[a] Οὕτω δὴ παρὰ
τοῖς ἀποστόλοις μέγα τι καὶ τίμιον ἦν τὸ ὑπὸ Ἰακώβου διδάσκεσθαι καὶ ἡ
30 πρὸς ἐκεῖνον οἰκείωσις.

Χ. Ἀλλ' ὅτε τὸ θεωρητικὸν τοῦ ἀνδρὸς εἰς δύναμιν διεξήλθομεν, νῦν καὶ τὸ
πρακτικόν, ὡς οἷόν τέ ἐστιν, ἐπελθεῖν μὴ ὀκνήσωμεν. Συνῆπται γὰρ τῷ
πρακτικῷ καὶ τὸ τοῦ δικαίου μαρτύριον καθὰ καὶ ἀνωτέρω δεδήλωται.[b]

Οὗτος ὁ μέγας καὶ πολὺς τὰ θεῖα Ἰάκωβος, ὁ ἀδελφὸς τοῦ Κυρίου χρη-
5 ματίσας, ὡς γέγραπται, ἅγιος ἦν ἐκ κοιλίας μητρὸς αὐτοῦ.[c] Καὶ τοῦτον
τὸν λόγον οὐ μὴ ἀφήσω ἀμάρτυρον · αὐτὰ γὰρ ταῦτα ὁ μέγας Ἡγήσιππος ·
ὅμοια δὲ τούτοις εἰσὶν καὶ τὰ Κλήμεντος. Οὗτος οὖν ὁ Ἰάκωβος — λεγέσθω
γὰρ πολλάκις ὑφ' ἡδονῆς[d] τὸ λεγόμενον — ἅγιος ἦν ἐκ κοιλίας μητρὸς
αὐτοῦ,[e] καθάπερ δεύτερος Ἰερεμίας ἀναδειχθεὶς ἡμῖν.[f] Οἶνον καὶ σίκερα οὐκ

ACRWDEVHP ; O à partir de Οὗτος (x: 4)

24 μὲν : om. R   24-25 ἀδελφὸς δὲ ὑπάρχειν τοῦ θαυμαστοῦ : ἀδελφὸς δὲ ὑπάρχειν τοῦ
θαύματος τοῦ A, ἀλλ' ἐν τῷ ὑπάρχειν ἀδελφὸς τοῦ θαυμαστοῦ R, ἀδελφὸς δὲ HPVDE   25 τὴν
ἐπιγραφὴν τῆς ἐπιστολῆς : τὴν ἐπιστολὴν τῆς ἐπιγραφῆς RH   26 γνώσῃ : γνώθη W   καὶ² :
om. V   Τί γάρ φησιν : om. W   27 ἠγαπημένοις : ἡγιασμένοις R   28 καὶ Ἰησοῦ Χριστῷ
τετηρημένοις : καὶ ῑῡ χ̄ῡ τετηρημένοις R, καὶ ῑῡ χ̄ῳ συντετηρημένοις H, om. AC
29 διδάσκεσθαι : γνωρίζεσθαι καὶ ὑπὸ ἰακώβου διδάσκεσθαι WR

Χ. — 1 ὅτε : ὅτι VDE, ἐπεὶ CH, ἐπὶ P, ὥπερ W   τὸ¹ : om. DE   καὶ : om. V   2 ἐπελθεῖν :
εἰπεῖν V, om. DE   τῷ : καὶ τῷ W   3 πρακτικῷ καὶ : πρακτικὸν R   καθὰ καὶ ἀνωτέρω
δεδήλωται : καθ' ὃ καὶ ἀνωτέρω δεδήλωται VDE, om. W   4 Οὗτος : οὗτος τοίνυν R   ὁ² : om.
ο   τοῦ Κυρίου : om. W¹, χ̄ῡ W²   5 Καὶ : ὅθεν καὶ R   6 οὐ μὴ : οὐκ V   6-9 αὐτὰ γάρ...
ἀναδειχθεὶς ἡμῖν : ἡγήσιππος καὶ κλήμης ταῦτα γεγράφασιν O   6 αὐτὰ γὰρ ταῦτα : ταῦτα
γὰρ ταῦτα W, αὐτὰ γὰρ PDE, αὐτῷ γὰρ H, οὕτως γὰρ λέγει V   Ἡγήσιππος : ἡγήσιππος μαρ-
τυρεῖ R, ἡγήσιππός φησιν C, ἐξηγήσατο W¹ sed ἡγήσιππος addidit in margine W²
7 Κλήμεντος : κλήμεντος ῥήματα R   8 γὰρ : γὰρ φησὶ W   λεγόμενον : σεβάσμιον ὄνομα R
μητρὸς : π̄ρ̄ς R¹   9 ἀναδειχθεὶς : ἀναδείχθη E

a Iudas, 1-2.
b Cf. ci-dessus, III: 14-15.
c EUSÈBE, Hist. eccl., II, 23, 5; éd. SCHWARTZ, p. 166, lin. 12.
d GRÉGOIRE DE NAZIANZE, Oratio XLIV, In Novam Dominicam, P.G. 36, 609 A 13.
e EUSÈBE, Hist. eccl., II, 23, 5; éd. SCHWARTZ, p. 166, lin. 12.
f Cf. Ier., 1, 5.

glorifie-t-il? N'est-ce pas d'être, et d'être appelé, serviteur du Christ d'une part, mais d'autre part d'être le frère de l'admirable Jacques? Qu'on lise l'adresse de sa lettre, et on connaîtra sa pensée, à lui aussi. Que dit-il en effet? «Jude, serviteur de Jésus-Christ et frère de Jacques, à ceux qui ont été aimés en Dieu le Père et gardés pour Jésus-Christ, à vous, miséricorde et paix.»[a] Voilà donc combien il était grand et honorable parmi les apôtres d'être enseigné par Jacques et d'être de sa parenté.

Les œuvres de Jacques: son ascèse et sa pureté

10. Mais après avoir, comme nous l'avons pu, exposé la vue que le personnage avait des choses, maintenant n'hésitons pas à traiter aussi, autant que possible, de sa conduite pratique. A sa conduite pratique en effet se rattache aussi le martyre du Juste, comme je l'ai indiqué plus haut.[b]

Ce grand Jacques, très religieux, qui a été appelé frère du Seigneur, comme on l'a écrit, était saint dès le sein de sa mère.[c] Et cette affirmation, je ne la laisserai pas dépourvue de témoins: ce sont en effet les termes mêmes du grand Hégésippe; et ceux de Clément aussi leur sont semblables. Jacques donc (disons en effet souvent, par plaisir,[d] ce qu'on dit) était saint dès le sein de sa mère,[e] se révélant à nous comme un second Jérémie.[f] Il n'a

10 ἔπιεν,[g] οἷά τις ἄλλος Σαμουὴλ θεωρούμενος. [h] *Οὐδὲ ἔμψυχον ἔφαγεν* · [i] *ἀεὶ
γὰρ τῷ ἄρτῳ τῆς ζωῆς ἐσιτίζετο.* [j] *Ξυρὸν ἐπὶ τὴν κεφαλὴν αὐτοῦ οὐκ
ἀνέβη* · [k] ναζηραῖος γὰρ ἦν τῷ **θεῷ** αὐτοῦ, πολλῷ τοῦ Σαμψὼν ἁγιώτερος.[l]
Ἔλαιον οὐκ ἠλείψατο · [m] ἤρκει γὰρ αὐτῷ τὸ ἔλαιον τῆς ἀγαλλιάσεως [n]
ὃ καθ' ἑκάστην ἐχρίετο. *Βαλανείῳ δὲ οὐκ ἐχρήσατο* · [o] ἀπελούετο γὰρ
15 καθ' ὥραν τῷ πνεύματι τῆς ἀπολυτρώσεως. *Ἐρεοῦν οὐκ ἐφόρει ἀλλὰ σιν-
δόνας,* [p] ἀεὶ τὸ λαμπρὸν τῆς ψυχῆς καὶ τὸ διαυγὲς τοῦ νοῦ αὐτοῦ διὰ τῆς περι-
βολῆς συμβολικῶς αἰνιττόμενος.

    Τούτῳ μόνῳ ἐξῆν εἰς τὰ ἅγια τῶν ἁγίων [q] διὰ παντὸς εἰσπορεύεσθαι ·
οὐδὲ γὰρ ἅπαξ καθάπερ οἱ τῷ νόμῳ καὶ τῇ **σκιᾷ τῶν ἐπουρανίων**
20 **λατρεύσαντες.** [r] *Καὶ μόνος εἰσήρχετο εἰς τὸν ναὸν* τοῦ θεοῦ, ὡς μόνος
εἰσιέναι δυνάμενος διὰ καθαρότητα · *εὑρίσκετό τε κείμενος ἐπὶ γόνασιν καὶ
αἰτούμενος τῷ λαῷ* τῶν ἁμαρτημάτων *τὴν ἄφεσιν,* [s] κρεῖττον ἢ κατὰ
Μωυσέα τὰς εὐχὰς μετὰ γονυκλισίας ποιούμενος *ὡς ἀπεσκληκέναι τὰ
γόνατα αὐτοῦ δίκην καμήλου διὰ τὸ ἀεὶ κάμπτειν ἐπὶ τὸ γόνυ προσ-*

ACRWODEVHP

    10 οἷά : ἀλλ' ἦν οἷα R   12 ναζηραῖος : ναζαραῖος ο (+ slavon russe), καθαρὸς P
ἁγιώτερος : ἁγιώτατος W   13 Ἔλαιον οὐκ : ἔλον οὐκ ο   τὸ ἔλαιον : τὸ ἔλεος ο   14 ὃ : ᾧ
AC   καθ' ἑκάστην : καθεχάστην RWE, καθ' ἡμέραν P   Βαλανείῳ : βαλλανείον ο   δὲ : om. R
15 Ἐρεοῦν : ἔριον WO   16 νοῦ : νοὸς RWO   18 Τούτῳ μόνῳ : τούτω μόνον HPV, τοῦτο
μόνον OWDE   19-20 οὐδὲ γὰρ ... λατρεύσαντες : om. ο   19 τῶν ἐπουρανίων : πρὸ τῶν
ἐπο͞υνίων VDE   20 λατρεύσαντες : λατρεύοντες WHPVDE   Καὶ : καὶ γὰρ W, om. R   μόνος[1] :
μόνον AC   ὡς μόνος : ἀλλ' οὕτως εἰσήρχετο ὡς μόνος AC   21 εἰσιέναι δυνάμενος : om. ο
εὑρίσκετό τε : ηὑρίσκετό τε Ο, καὶ ηὑρίσκετο W, ἀλλὰ πολλάκις ηὑρίσκετό τε R, καὶ εἰσερχόμενος εὑρίσκετο AC   ἐπὶ γόνασιν : ἐπιγόνας P   22 τῶν ἁμαρτημάτων : om. ο   ἢ : ἦν ο
23 Μωυσέα : μωσέα AC, μωσέως R   ἀπεσκληκέναι : ἀποσκληκέναι AC[1]R   24 κάμπτειν :
κάμπτων ο   ἐπὶ τὸ γόνυ : ἐπὶ γόνυ CO, τὸ γόνυ R

g EUSÈBE, *Hist. eccl.*, II, 23, 5; éd. SCHWARTZ, p. 166, lin. 12-13.
h Cf. *I Reg.*, 1, 11.
i EUSÈBE, *Hist. eccl.*, II, 23, 5; éd. SCHWARTZ, p. 166, lin. 13.
j Cf. *Ioh.*, 6, 35.
k EUSÈBE, *Hist. eccl.*, II, 23, 5; éd. SCHWARTZ, p. 166, lin. 13-14.
l Cf. *Iudic.*, 13, 5; cf. aussi 13, 7 (var.) et 16, 17 (var.).
m EUSÈBE, *Hist. eccl.*, II, 23, 5; éd. SCHWARTZ, p. 166, lin. 14.
n Cf. *Heb.*, 1, 9; *Ps.* 44, 8.
o EUSÈBE, *Hist. eccl.*, II, 23, 5; éd. SCHWARTZ, p. 166, lin. 14.
p EUSÈBE, *Hist. eccl.*, II, 23, 6; éd. SCHWARTZ, p. 166, lin. 15-16.
q EUSÈBE, *Hist. eccl.*, II, 23, 6; éd. SCHWARTZ, p. 166, lin. 14-15.
r Cf. *Heb.*, 8, 5.
s EUSÈBE, *Hist. eccl.*, II, 23, 6; éd. SCHWARTZ, p. 166, lin. 16-17.

bu ni vin, ni boisson fermentée,[g] tel, à nos yeux, un autre Samuel.[h] Il n'a
rien mangé qui eût vécu,[i] car toujours il se nourrissait du pain de vie.[j] Le
rasoir n'est point monté sur sa tête,[k] car il était nazir pour son Dieu,
beaucoup plus saint que Samson.[l] Il ne s'est pas oint d'huile;[m] l'huile
d'allégresse en effet lui suffisait,[n] dont il s'enduisait chaque jour. Il n'a pas
pris de bain;[o] il se baignait en effet d'heure en heure dans l'esprit de la
rédemption.[18] Il portait des étoffes non de laine mais de lin,[p] suggérant
toujours symboliquement par son vêtement l'éclat de son âme et la trans-
parence de son esprit.

A lui seul il était permis de s'introduire dans le Saint des Saints[q] en tout
temps et non une fois, en effet, comme ceux qui ont servi la Loi et l'ombre
des réalités célestes.[r] Et il entrait seul dans le temple de Dieu, comme étant
seul à pouvoir y entrer en raison de sa pureté, et on le trouvait à genoux et
demandant pour le peuple le pardon des péchés,[s] disant les prières avec des
génuflexions, mieux que selon Moïse; si bien que ses genoux s'étaient en-
durcis à la façon de ceux des chameaux parce qu'il était toujours à genoux,

---

[18] Ici, un jeu de mots du grec ne peut être rendu en français: ἀπελούετο (il se baignait)
... τῷ πνεύματι τῆς ἀπολυτρώσεως (rédemption). Il est possible que, pour l'auteur, le mot
ἀπολύτρωσις ait évoqué davantage un bain (λουτρόν) qu'une rançon (λύτρον). Cela ex-
pliquerait la phrase qui, sans cela, reste sibylline.

25 κυνοῦντα τῷ θεῷ καὶ [t] αἰτούμενον τῶν πλημμελημάτων τοῦ λαοῦ τὴν
συγχώρησιν, ὅπερ Μωυσῆς οὐδέποτε πέπραχεν · οὕτως γὰρ Χριστὸς ὁ θεὸς
γενόμενος ἄνθρωπος τοὺς ἰδίους δούλους ἐπαίδευσεν. Διὰ μέντοι **τὴν ὑπερ-
βολὴν τῆς δικαιοσύνης αὐτοῦ ἐκαλεῖτο δίκαιος καὶ ὀβλίας, ὅ ἐστιν
ἑλληνιστὶ περιοχὴ τοῦ λαοῦ καὶ δικαιοσύνη, ὡς οἱ προφῆται δεδηλώκασι**
30 πρότερον. [u]

Τινὲς οὖν **τῶν ἑπτὰ αἱρέσεων** [v] ὧν προχατῆρχεν ὁ Ἄνανος — ἱερεὺς δὲ
ἦν τότε ὁ Ἄνανος — ἡνίκα **Παῦλος ἐπεκαλέσατο Καίσαρα** καὶ ἐπὶ Ῥώμην
πρὸς Νέρωνα **ὑπὸ τοῦ Φήστου** δέσμιος ἔσταλτο, **τῆς ἐλπίδος καθ' ἣν ἐξήρτυον** Παύλῳ **τὴν ἐπιβουλὴν** ἐκπεσόντες, ἐπὶ Ἰάκωβον τρέπονται τὸν
35 ἀδελφὸν τοῦ Κυρίου. Τοιαῦτα δὲ **αὐτοῖς** κατ' ἐκείνου **τετόλμηται** · εἰς
μέσον αὐτὸν ἀγαγόντες ἄρνησιν τῆς πίστεως τῆς εἰς τὸν Χριστὸν ἐπὶ
παντὸς τοῦ λαοῦ ἐζήτουν αὐτόν. [w]

Ἐπυνθάνοντο δὲ **παρ' αὐτοῦ** λέγοντες · «Εἰπὲ ἡμῖν, ὦ δίκαιε, **τίς ἐστιν ἡ
θύρα τοῦ Ἰησοῦ ;»** Ὁ δὲ **πρὸς αὐτοὺς** ἔφη · «**Οὗτός ἐστιν** ὁ Υἱὸς τοῦ θεοῦ
40 Ἰησοῦς ὁ Χριστός.» Καὶ **τινες** μὲν αὐτῶν **ἐπίστευον** [x] τοῖς ὑπὸ τοῦ Ἰακώβου
λεγομένοις, τινὲς δὲ αὐτῶν ἠπίστουν τε καὶ ἀντέλεγον. **Αἱ** γὰρ **αἱρέσεις** αὗται

ACRWODEVHP

25 τῷ θεῷ : τὸν θν RWO   25-26 καὶ αἰτούμενον τῶν πλημμελημάτων τοῦ λαοῦ τὴν συγχώρησιν : αἰτούμενον τῶν πλημμελημάτων τοῦ λαοῦ τὴν συγχώρησιν Α, καὶ αἰτούμενος τῶν
πλημμελημάτων τοῦ λαοῦ τὴν συγχώρησιν DE, om. Ο   26 Μωυσῆς : μωσῆς ACRW   οὕτως :
οὕτω ACHP   ὁ θεὸς : ὁ θς ἡμῶν HPVDE   27 Διὰ μέντοι : ὅθεν διὰ μὲν R   28 αὐτοῦ : om. W
ἐκαλεῖτο δίκαιος καὶ ὀβλίας : ἐκαλεῖτο δίκαιος καὶ ὠβλίας AC, ἐκαλεῖτο δίκαιος καὶ ὀβλίος Ρ,
δικαίως καὶ ὀβλίας προσηγορεύετο Ο   ὅ : ὅπερ Α   29 ἑλληνιστὶ : om. Ο   31 Τινὲς οὖν :
τινὲς δὲ V, μετὰ δὲ ταῦτα τινὲς R   αἱρέσεων ὧν : αἱρέσεων ἐν ἱεροσολύμοις ἐνθὰ V   προχατῆρχεν : προχατεῖχεν Ο   31-32 ὁ Ἄνανος ἱερεὺς δὲ ἦν τότε ὁ Ἄνανος : ὁ ἄνανος · ἱερεὺς δὲ τότε
ἦν ἄνανος Ο, ὁ ανος ὁ ἄνανος R, ὁ ἄνανος HP, ὁ ἅγιος · ἀρχιερεὺς δὲ ἦν τότε V, ὁ ἅγιος ·
ἱερεὺς δὲ ἦν τότε DE   33 ἔσταλτο : ἐστέλλετο C, ἀπεστέλλετο Α   34 Παύλῳ : παύλου RWO,
τῷ παύλῳ VDE   Ἰάκωβον : τὸν μέγαν ἰάκωβον R   34-35 τρέπονται τὸν ἀδελφὸν τοῦ
Κυρίου : ἐκτρέπονται τὸν ἀδελφὸν τοῦ χυ Ρ, τὸν ἀδελφὸν τοῦ χυ τρέπονται Η   35 ἐκείνου :
ἐκεῖνον W   εἰς : εἶτα εἰς R   36 τὸν : om. W   37 ἐζήτουν : ἐξήτουν ΟV (+ slavon russe)
38 δὲ : δὲ καὶ R   Εἰπὲ : εἰπὲ δὲ R   ὦ : om. HPVDE   τίς : τί R   40 Ἰησοῦς ὁ Χριστός : ιϲ χϲ
R   μὲν : om. HPVDE   τοῦ : om. Ο   41 λεγομένοις : om. WHPVDE   αὐτῶν : om. R   τε :
om. RWO

---

t Eusèbe, *Hist. eccl.*, II, 23, 6; éd. Schwartz, p. 166, lin. 17-19.
u On ne voit pas à quel passage de l'Écriture Eusèbe fait ici allusion. Schwartz (repris
par G. Bardy dans *Sources chrétiennes*, 31) renvoie sans conviction — et sans convaincre
— à *Is.*, 3, 10. — L'auteur de la traduction en slavon russe, également embarrassé, a rattache ὡς οἱ προφῆται... à ce qui suit et non à ce qui précède (cf. éd., col. 1814, lin. 19).
v Eusèbe, *Hist. eccl.*, II, 23, 7-8; éd. Schwartz, p. 166, lin. 19 - p. 168, lin. 2.
w Cf. Eusèbe, *Hist. eccl.*, II, 23, 1-2; éd. Schwartz, p. 164, lin. 16-23.
x Cf. Eusèbe, *Hist. eccl.*, II, 23, 8-9; éd. Schwartz, p. 168, lin. 4-5.

adorant Dieu et[t] demandant la rémission des fautes du peuple, ce que Moïse n'a jamais fait.[19] C'est ainsi en effet que le Christ Dieu, devenu homme, avait éduqué ses serviteurs. A cause donc de sa suréminente justice, on l'appelait Juste et Oblias, ce qui signifie en grec Rempart du peuple et Justice, ainsi que les prophètes l'ont indiqué auparavant.[u]

Le martyre de Jacques, et ses conséquences pour les Juifs

Quelques-uns donc des sept sectes[v] dont le chef suprême était Ananos — Ananos était alors grand-prêtre — quand Paul en eut appelé à César et eut été envoyé prisonnier par Festus à Rome devant Néron, ayant perdu l'espoir qui leur avait fait tendre l'embuscade contre Paul, se tournent vers Jacques, le frère du Seigneur. Voici ce qu'ils ont eu l'audace de faire contre lui: l'ayant amené en public, ils cherchèrent à obtenir de lui qu'il renie sa foi au Christ devant tout le peuple.[w] Ils lui demandaient: «Dis-nous, Juste, quelle est la porte de Jésus?» Lui leur répondit: «C'est lui le fils de Dieu, Jésus le Christ.» Et certains d'entre eux croyaient[x] à ce que disait Jacques, tandis que d'autres ne croyaient pas et le contredisaient; car ces sectes, chez les

---

[19] Moïse a plus d'une fois imploré pour Israël le pardon de Dieu (cf. par ex. *Ex.* 32, 11-14 et 31-32) mais jamais l'Écriture ne dit qu'il l'a fait à genoux; le rite de la génuflexion pour prier n'est d'ailleurs pas mentionné une seule fois dans le Pentateuque.

παρὰ Ἰουδαίοις οὔτε ἀνάστασιν ἔλεγον οὔτε ἐρχόμενον ἀποδοῦναι ἑκάστῳ κατὰ τὰ ἔργα αὐτοῦ.

Πολλοὶ δὲ ἐπίστευον διὰ τὸν Ἰάκωβον. Καὶ γογγυσμὸς πολὺς ἦν ἐν τοῖς 45 ἄρχουσι τῶν Ἰουδαίων, τῶν φαρισαίων καὶ γραμματέων λεγόντων ὅτι κινδυνεύει πᾶς ὁ λαὸς Ἰησοῦν τὸν Χριστὸν προσδοκᾶν.

ΧΙ. Ἔλεγον οὖν συνελθόντες τῷ Ἰακώβῳ · «Παρακαλοῦμέν σε, δίκαιε, ἐπίσχες τὸν λαὸν ἐπείπερ ἐπλανήθη εἰς Ἰησοῦν ὡς αὐτοῦ ὄντος Χριστοῦ. Παρακαλοῦμέν σε οὖν πεῖσαι τοὺς ἐλθόντας εἰς τὴν ἡμέραν τοῦ Πάσχα περὶ τοῦ Ἰησοῦ · σοὶ γὰρ πάντες πειθόμεθα · ἡμεῖς γὰρ μαρτυ- 5 ροῦμέν σοι καὶ πᾶς ὁ λαὸς ὅτι δίκαιος εἶ καὶ πρόσωπον οὐ λαμβάνεις. Πεῖσον οὖν σὺ τὸν λαὸν μὴ πλανᾶσθαι περὶ τοῦ Ἰησοῦ · καὶ γὰρ ἡμεῖς καὶ πᾶς ὁ λαὸς πειθόμεθά σοι. Στῆθι οὖν ἐπὶ τὸ πτερύγιον τοῦ ἱεροῦ ἵνα ᾖς ἄνωθεν ἐπιφανὴς τῷ λαῷ καὶ ἀκουστά σου τὰ ῥήματα γένωνται · διὰ γὰρ τὸ Πάσχα συνεληλύθασιν πᾶσαι αἱ φυλαὶ μετὰ τῶν ἐθνῶν.» 10 Ἔστησαν οὖν οἱ γραμματεῖς καὶ οἱ φαρισαῖοι τὸν Ἰάκωβον ἐπὶ τὸ πτερύγιον τοῦ ἱεροῦ καὶ ἔκραξαν λέγοντες · «Δίκαιε, σοὶ πάντες ὀφείλομεν πείθεσθαι. Ἐπείπερ ὁ λαὸς πλανᾶται ὀπίσω τοῦ Ἰησοῦ τοῦ σταυρωθέντος ἐπὶ Ποντίου Πιλάτου, ἀπάγγειλον ἡμῖν τίς ἡ θύρα τοῦ Ἰησοῦ.» Καὶ ἀπεκρίνατο φωνῇ μεγάλῃ Ἰάκωβος λέγων · «Τί με ἐρωτᾶτε 15 περὶ τοῦ Ἰησοῦ ; καὶ αὐτὸς κάθηται ἐν τῷ οὐρανῷ ἐκ δεξιῶν τῆς

ACRWODEVHP

42 παρὰ : παρῆν R   οὔτε ἀνάστασιν : οὔτε γὰρ ἀνάστασιν R   οὔτε ἐρχόμενον : οὐδὲ ἐρχόμενον O, οὐδὲ ἐρχόμενον R   44 Ἰάκωβον : μέγαν ἰάκωβον R, λόγον ἰακώβου ἐπὶ τὸν x̄ν̄ O   πολὺς : πολλοῖς W   45 ἄρχουσι : ἀρχιερεῦσιν O   τῶν φαρισαίων καὶ γραμματέων : τῶν γραμματέων καὶ φαρισαίων R   46 κινδυνεύει : κινδυνεύσει HPDE   τὸν : om. W   προσδοκᾶν : προέδωκαν O, προσδοχῶν ACRV slavon russe

ΧΙ. — 2 ἐπείπερ : ἐπειδήπερ R   ἐπλανήθη : ἐπλανήθης E   εἰς Ἰησοῦν : εἰσὶν R   3-4 Παρακαλοῦμέν σε οὖν πεῖσαι τοὺς ἐλθόντας (συνελθόντας CE) εἰς τὴν ἡμέραν τοῦ Πάσχα περὶ τοῦ Ἰησοῦ : om. R   4 γὰρ : δὲ R   5 ὁ λαὸς : ὁ λαὸς πειθόμεθά σοι P   πρόσωπον : πρόσωπα H   6 καὶ γὰρ : καὶ γὰρ καὶ RWO   7 πειθόμεθά σοι : πειθόμεθά σου A   8 γένωνται : γένωνται πᾶσι R   9 συνεληλύθασιν : συνεληλύθαμεν HPVDE   10 Ἔστησαν οὖν : τότε ἔστησαν R   οἱ γραμματεῖς καὶ οἱ φαρισαῖοι : οἱ φαρισαῖοι καὶ οἱ γραμματεῖς HPVDE   τὸν Ἰάκωβον : τὸν μακάριον ἰάκωβον R, ἰάκωβον O   10-11 ἐπὶ τὸ πτερύγιον : ἐπὶ τοῦ πτερυγίου AW   12 Ἐπείπερ : ἐπειδὴ δὲ R   τοῦ Ἰησοῦ : τοῦ λεγομένου ῑ̄ῡ VDE   14 Ἰησοῦ : ῑ̄ῡ τοῦ λεγομένου x̄ν̄ R   Καὶ ἀπεκρίνατο φωνῇ μεγάλῃ Ἰάκωβος λέγων : καὶ ἀπεκρίνατο φωνῇ μεγάλῃ ὁ ἰάκωβος λέγων CVDE, καὶ ἀπεκρίνατο φωνῇ μεγάλῃ λέγων H, ὁ δὲ μακάριος ἰάκωβος ἀπεκρίθη αὐτοῖς φωνῇ μεγάλῃ καὶ εἶπεν R   15 καὶ αὐτὸς κάθηται : αὐτὸς γὰρ καθέζεται H   15-16 ἐν τῷ οὐρανῷ (ἱερῷ R[1]) ἐκ δεξιῶν τῆς δυνάμεως τοῦ Πατρὸς αὐτοῦ : ἐκ δεξιῶν τῆς δυνάμεως τοῦ π̄ρ̄ς̄ αὐτοῦ W, ἐκ δεξιῶν τῆς δυνάμεως τοῦ π̄ρ̄ς̄ αὐτοῦ ἐν τῷ ο̄ῡν̄ω̄ HPDE, ἐν δεξιᾷ τοῦ π̄ρ̄ς̄ αὐτοῦ ἐν τῶι ο̄ῡν̄ωι V

Juifs, niaient qu'il y aurait une résurrection et quelqu'un qui viendrait pour rendre à chacun selon ses œuvres. Mais beaucoup croyaient à cause de Jacques et on se plaignait beaucoup, parmi les chefs des Juifs, les pharisiens et les scribes; ils disaient: «C'est tout le peuple qui risque d'attendre Jésus le Christ.»

11. S'étant donc rassemblés autour de Jacques, ils lui disaient: «Nous t'en prions, Juste, retiens le peuple, maintenant qu'il s'est trompé sur Jésus comme si c'était lui le Christ. Nous te prions donc de convaincre, au sujet de Jésus, ceux qui sont venus pour le jour de la Pâque. En toi, en effet, nous avons tous confiance. Nous te rendons témoignage, en effet, nous et tout le peuple, que tu es juste et que tu n'es pas partial. Convaincs donc, toi, le peuple de ne pas s'égarer à propos de Jésus; aussi bien, nous-mêmes et tout le peuple, nous avons confiance en toi. Tiens-toi donc sur le pinacle du temple, afin que, de là-haut, le peuple te voie et qu'on puisse entendre tes paroles. A cause de la Pâque, en effet, toutes les tribus se sont rassemblées et même les nations païennes.»

Les scribes et les pharisiens installèrent donc Jacques sur le pinacle du temple et crièrent: «Juste, en toi nous devons tous avoir confiance. Puisque le peuple s'égare à la suite du Jésus qui fut crucifié sous Ponce Pilate, annonce-nous quelle est la porte de Jésus.» Et Jacques répondit d'une voix forte: «Pourquoi m'interrogez-vous au sujet de Jésus? Lui aussi[20] est assis

---

[20] Le καὶ αὐτός, «lui *aussi*», exprime probablement que siéger dans le ciel n'est pas un apanage exclusif de Jésus. Néanmoins, le καί, à première vue, est un peu gênant ici, et le slavon russe l'a laissé tomber: *моũ сѣдить* (col. 1815, ligne 25).

δυνάμεως τοῦ Πατρὸς αὐτοῦ **καὶ μέλλει ἔρχεσθαι ἐπὶ τῶν νεφελῶν τοῦ**
οὐρανοῦ κρῖναι τὴν οἰκουμένην ἐν δικαιοσύνῃ.»

Καὶ πολλῶν πληροφορηθέντων ἐπὶ τῇ μαρτυρίᾳ τοῦ Ἰακώβου καὶ κρα-
ζόντων **καὶ λεγόντων · «Ὡσαννὰ τῷ υἱῷ Δαυίδ», τότε πάλιν οἱ γραμ-**
20 **ματεῖς καὶ** οἱ **φαρισαῖοι ἔλεγον πρὸς ἀλλήλους · «Κακῶς ἐποιήσαμεν**
τοιαύτην μαρτυρίαν παρασχόντες τῷ Ἰησοῦ. Ἀλλὰ δεῦτε, **καταβάλωμεν**
τὸν Ἰάκωβον **ἵνα φοβηθέντες** οἱ ὄχλοι **μὴ πιστεύσωσι τῷ Ἰησοῦ.» Καὶ**
ἔκραζαν λέγοντες · «ὦ ὦ, καὶ ὁ δίκαιος ἐπλανήθη.» Ἀναβάντες οὖν ἐπὶ
τὸ πτερύγιον **κατέβαλον** αὐτὸν **καὶ ἔλεγον · «Λιθάσωμεν τὸν δίκαιον.» Καὶ**
25 **ἤρξαντο λιθάζειν αὐτόν, ἐπείπερ καταβληθεὶς οὐκ ἀπέθανεν, ἀλλὰ**
στραφεὶς ἔθηκε τὰ γόνατα λέγων · «Κύριε θεὲ Πάτερ, ἄφες αὐτοῖς · οὐ
γὰρ οἴδασι τί ποιοῦσιν.»[y] Οὕτω γὰρ Χριστὸς ὁ θεὸς καὶ Στέφανον ἐδίδαξεν
καὶ Ἰάκωβον. **Οὕτω δὲ καταλιθοβολούντων αὐτόν, εἷς τῶν ἱερέων τῶν**
υἱῶν Ῥηχὰβ υἱοῦ Ῥαχαβίμ, τῶν μαρτυρουμένων ὑπὸ Ἱερεμίου τοῦ
30 **προφήτου, ἔκραξε λέγων · «Παύσασθε · τί ποιεῖτε ; εὔχεται περὶ ὑμῶν ὁ**
δίκαιος.» Καὶ λαβών τις ἀπ' αὐτῶν εἷς τῶν κναφέων τὸ ξύλον ἐν ᾧ
ἀπεπίαζεν τὰ ἱμάτια ἤνεγκε κατὰ τῆς κεφαλῆς αὐτοῦ. **Καὶ οὕτως** ὁ

ACRWODEVHP

18 Ἰακώβου : δικαίου καὶ ἁγίου καὶ μεγάλου ἰακώβου R   καὶ : om. O   19 πάλιν : om. O
20 οἱ φαρισαῖοι : φαρισαῖοι E, φαρισσαῖ W, φαρίοι O¹, οἱ φαρίοι O²   Κακῶς : ὄντως κακῶς
R   ἐποιήσαμεν : πεποιήκαμεν R   21 τοιαύτην μαρτυρίαν : τοιαύτας μαρτυρίας O   δεῦτε :
δεῦτε καὶ RW   καταβάλωμεν : καταβάλλομεν O   22 ὄχλοι : λαοὶ HPVDE   23 ἐπλανήθη :
ἐπλανήθην O, πεπλάνηται W   Ἀναβάντες οὖν : τότε ἀναβάντες R   24 πτερύγιον : πτερύγιον
τοῦ ἱεροῦ H, πτερύγιον τοῦ ἱεροῦ ὥσπερ θῆρες ἄγριοι R   κατέβαλον : κατέβαλλον RW   αὐτὸν :
αὐτὸν κάτω R   Λιθάσωμεν : λιθάσομεν O   δίκαιον : δίκαιον ὅτι ἐναντία ἡμῶν λελάληκεν R
25 ἤρξαντο : ἤρξατο RO   ἐπείπερ καταβληθείς : καταβληθεὶς δὲ ὁ μέγας ἰάκωβος R
ἀπέθανεν : ἀπέθανεν παραχρῆμα R   ἀλλὰ : om. HPVDE   26 στραφεὶς : στραφεὶς κατὰ ἀνα-
τολὰς R   ἔθηκεν : ἔκλινεν O   γόνατα : γόνατα ἐπὶ τὴν γῆν R   θεὲ Πάτερ : θεὲ παντοκράτορ
D, ὁ θς καὶ πηρ W, ὁ θς καὶ πηρ τοῦ χυ ιυ χυ O, ὁ θς καὶ πηρ τοῦ μονογενοῦς σου ιυ R
αὐτοῖς : αὐτοῖς τὴν ἁμαρτίαν ταύτην R   27 ποιοῦσιν : ποιῶσιν O   Οὕτω : οὕτως O   γὰρ :
τοίνυν R   Στέφανον : στέφανον τὸν πρῶτον τῶν μαρτύρων R   ἐδίδαξεν : ἐδίδαξεν λέγων R
28 Ἰάκωβον : ἰάκωβον τὸν μέγαν ἱεράρχην R   Οὕτω δὲ : καὶ οὕτω AC, οὕτω δὲ ἀνειλεῶς καὶ
πικρῶς R, om. WO   καταλιθοβολούντων : λιθοβολούντων C, καταλιθοβολοῦντες δὲ O, λιθοβολοῦντες δὲ R   αὐτόν : αὐτῶν VD   εἷς : εἷς τις R   28-29 τῶν υἱῶν : τὸν υιν O
29 Ῥηχὰβ : ῥηχὰμ O   Ῥαχαβίμ : χαβὶμ H, ῥαχαβὶν A, ραχαβεῖν O (+ slavon russe)   τῶν :
τῶν καὶ R   30 Παύσασθε · τί : om. O   30-31 εὔχεται περὶ ὑμῶν ὁ δίκαιος : εὔχεται περὶ
ἡμῶν ὁ δίκαιος WE, εὔχεται ὑπὲρ ἡμῶν ὁ δίκαιος ACP, ὁ δίκαιος ὑπὲρ ἡμῶν εὔχεται O   31 τις
ἀπ' αὐτῶν εἷς : τις ἀπ' αὐτῶν A, τις ἐξ αὐτῶν εἷς HPVDE, εἷς ἀπὸ W, ἐξ αὐτῶν εἷς R
κναφέων : γναφέων WO   32 ἀπεπίαζεν : ἀπεπίαζον C, ἀπεπίεζε H   ἤνεγκε : ἤνεγκεν ἀφειδῶς
R

y Cf. *Luc.* 23, 34; cette allusion appartient au texte d'Eusèbe.

dans le ciel, à la droite de la puissance de son Père, et il doit venir sur les
nuées du ciel juger l'univers dans la justice.» Et comme beaucoup, sur le
témoignage de Jacques, avaient été pleinement convaincus, et qu'ils criaient:
«Hosanna au fils de David!» alors, de leur côté, les scribes et les pharisiens
se disaient entre eux: «Nous avons mal fait de fournir à Jésus un tel témoignage. Mais allons, précipitons Jacques pour que les foules prennent peur et
ne croient pas en Jésus.» Et ils crièrent: «Oh! oh! même le Juste s'est
égaré!» Montant donc sur le pinacle, ils le précipitèrent, et ils disaient:
«Lapidons le Juste.» Et ils se mirent à le lapider car, précipité, il n'était pas
mort mais s'était retourné et mis à genoux en disant: «Seigneur, Dieu Père,
pardonne-leur car ils ne savent pas ce qu'ils font.»[y] C'est ainsi en effet que
le Christ Dieu avait enseigné et Étienne et Jacques. Et comme ils le
lapidaient ainsi, un des prêtres, un de ces fils de Rechab, fils de Rachabim,
auxquels Jérémie le prophète a rendu témoignage, cria: «Arrêtez! Que
faites-vous? Le Juste prie pour vous.» Et l'un d'entre eux, un des foulons,
ayant pris le bois avec lequel il foulait les vêtements, l'en frappa à la tête. Et

δίκαιος *παρέδωκεν τὸ πνεῦμα.* [z] *Καὶ* λαβόντες αὐτὸν *ἔθαψαν* ἐν *τόπῳ* καλῷ
πλησίον *τοῦ ναοῦ* τοῦ θεοῦ. [a]

35 *Ὅσοι δὲ ἐδόκουν ἐπιεικέστατοι τῶν κατὰ τὴν πόλιν εἶναι καὶ τὰ περὶ*
τοὺς νόμους ἀκριβεῖς, βαρέως ἤνεγκαν ἐπὶ τούτῳ καὶ πέμπουσι κρύφα
πρὸς τὸν Ἀγρίππαν — οὗτος γὰρ τῆς Ἡρώδου τετραρχίας ὑπῆρχεν διάδοχος
— *παρακαλοῦντες αὐτὸν ἐπιστεῖλαι* Ἀνάνῳ *μὴ τοιαῦτα* τολμᾶν · *μηδὲ*
γὰρ τὸ κατὰ τὸν μέγαν Ἰάκωβον *ὀρθῶς* πεπραχέναι. *Τινὲς δὲ αὐτῶν καὶ τὸν*
40 *Ἀλβῖνον ὑπαντιάζουσιν ἀπὸ τῆς* Ἀλεξανδρείας *ὁδοιποροῦντα* — αὐτὸν
γὰρ μετὰ Φῆστον ἐχειροτόνησε Καῖσαρ τῆς Ἰουδαίας ἐπίτροπον — *καὶ*
διδάσκουσιν ὡς οὐκ ἦν ἐξὸν τῷ Ἀνάνῳ *χωρὶς γνώμης αὐτοῦ καθίσαι*
συνέδριον. Ἀλβῖνος δὲ *πεισθεὶς τοῖς εἰποῦσι γράφει μετ' ὀργῆς* πρὸς *τὸν*
Ἄνανον, *δίκας ἀπειλῶν λήψεσθαι παρ' αὐτοῦ* τοῦ τοιούτου τολμήματος.
45 Ἀγρίππας *μέντοι ὁ βασιλεύς, ἀφελόμενος τῆς ἱερωσύνης τὸν* Ἄνανον
ἄρξαντα μῆνας οὐ πλεῖον τριῶν, ἕτερον ἀντ' ἐκείνου κατέστησεν. [b] *Δεινὰ δὲ*
καὶ πέρα δεινῶν μετὰ θάνατον Ἰακώβου τοὺς Ἰουδαίους κατείληφεν. [c] Καὶ
μάρτυς τούτων ὁ Ἰουδαῖος Ἰώσηπος, μηδὲν τῆς ἀληθείας ἀποκρυψάμενος.

XII. Οὕτω μὲν οὖν προσετέθη τοῖς ἁγίοις ὁ ἅγιος, ὁ παρὰ τῆς ἄνω χορο-
στασίας ἐπιζητούμενος, [d] *οὕτω προσετέθη ὁ μάρτυς τοῖς μάρτυσιν,* [e] ὁ ἐν
ἐπισκόποις πρῶτος τὸν μαρτυρικὸν ἀναδησάμενος στέφανον · ἦν μὲν γὰρ

ACRWDEVHP ; o jusqu'à θεοῦ (XI: 34) et à partir de Οὕτω (XII: 1)

33 παρέδωκεν : εὐθέως παρέδωκεν R   τὸ πνεῦμα : τὸ π̅ν̅α̅ τῶ χ̅ω̅ μηνὶ ὀκτωβρίω εἴκαδι
τρίτη R   Καὶ λαβόντες : τότε λαβόντες R   ἔθαψαν : ἀνδρὲς πιστοὶ καὶ εὐλαβεῖς ἔθαψαν R
καλῷ : καλουμένω καλῷ H, σιμνῶ R   35 ἐπιεικέστατοι : ἐπιεικέστεροι VDE   τῶν : om. R
τὴν : om. P   35-36 τὰ περὶ τοὺς νόμους : περὶ τὸν νόμον R   36 ἐπὶ τούτῳ : ἐπὶ τοῦτο R,
περὶ τούτου ACE¹   κρύφα : λαθραίως R   37 τὸν : om. V   τετραρχίας : τετραχίας DE¹
39 τὸ : om. W¹, τὰ W², καὶ R   40 ὁδοιποροῦντα : ὁδοιποροῦνται R, ὁδοιποροῦντι W   40-
41 αὐτὸν γὰρ : αὐτὸν W¹, αὐτῶ W²   41 ἐχειροτόνησε Καῖσαρ τῆς Ἰουδαίας ἐπίτροπον : om.
W   42 ἐξὸν τῷ : ἐξότω E   43 Ἀλβῖνος δὲ : ὁ δὲ ἀλβῖνος R   τὸν : om. VDE   44 τοῦ
τοιούτου : ἕνεκά γε τοῦ τοιούτου R   45 Ἀγρίππας μέντοι : ὅθεν ἀγρίππας R   46 οὐ πλεῖον :
ὡς πλείω RW   ἐκείνου : αὐτοῦ P   47 τοὺς Ἰουδαίους : τοῖς ἰουδαίοις W   48 ὁ Ἰουδαῖος
Ἰώσηπος : ἰώσηπος ὁ ἰουδαῖος H, ιουδαῖος ιόσηπος P

XII. — 1 Οὕτω : οὕτως O   μὲν οὖν : μέντοι VDE, μὲν γὰρ R, μὲν W   προσετέθη : προετέθη
O   ὁ παρὰ : καὶ παρὰ R, παρὰ O   2 ἐπιζητούμενος : ζητούμενος VDE   οὕτω : οὕτος O   ὁ
μάρτυς τοῖς μάρτυσιν : τοῖς μάρτυσιν ὁ μάρτυς E, τοῖς μάρτυσιν O   2-3 ὁ ἐν ἐπισκόποις : ὁ
ἐπίσκοπος ἐν ἐπισκόποις R   3 ἦν : om. O   μὲν : om. R

z Ioh., 19, 30; cette allusion est absente du texte d'Eusèbe.
a Eusèbe, *Hist. eccl.*, II, 23, 9-18; éd. Schwartz, p. 168, lin. 6 - p. 170, lin. 21.
b Eusèbe, *Hist. eccl.*, II, 23, 23-24; éd. Schwartz, p. 174, lin. 1-11.

c'est ainsi que le Juste rendit l'esprit.[z] On le prit et on l'enterra en un bel endroit,[a] près du temple de Dieu.

Ceux qui, apparemment, étaient, dans la ville, les plus équitables et scrupuleux sur les lois furent mécontents de cela; et ils envoient secrètement des messagers à Agrippa (celui-ci en effet avait hérité de la tétrarchie d'Hérode), le priant d'écrire à Ananos de se garder de telles audaces et qu'il n'avait pas agi correctement dans l'affaire du grand Jacques. Certains d'entre eux vont même à la rencontre d'Albinus, qui arrivait d'Alexandrie (c'était lui en effet que César avait institué procurateur de Judée après Festus), et lui expliquent qu'il n'était pas permis à Ananos de convoquer le sanhédrin sans son consentement. Albinus, convaincu par ses interlocuteurs, écrit avec colère à Ananos, menaçant de lui faire payer un tel coup d'audace. Mais le roi Agrippa écarta Ananos du pontificat (celui-ci n'avait pas eu le pouvoir plus de trois mois) et en établit un autre à sa place.[b]

Des maux terribles et plus que terribles assaillirent les Juifs après la mort de Jacques.[c] Et le témoin de cela, c'est le Juif Josèphe, qui n'a rien caché de la vérité.

La glorification de Jacques — Éloge de Joseph, le père de Jacques

12. Ainsi donc, aux saints fut adjoint le saint que désirait le chœur céleste;[d] ainsi le martyr fut adjoint aux martyrs,[e] lui le premier des évêques à avoir ceint la couronne du martyre. Car parmi les diacres, Étienne l'avait

---

c Cf. Eusèbe, *Hist. eccl.*, III, 5, 4 et suite; éd. Schwartz, p. 196, lin. 22 et suite (remarquer, lin. 29, δεινὰ καὶ πέρα δεινῶν).

d Grégoire de Nazianze, *In Basilium*, P.G. 36, 600 c 13.

e Cf. Grégoire de Nazianze, *In Basilium*, P.G. 36, 601 c 7-11.

προφθάσας ἐν διακόνοις ὁ **Στέφανος**,[f] ἐν ἀποστόλοις, ὁ Ζεβεδαίου **Ἰάκω-**
5 **βος**,[g] νῦν δὲ ὁ ἱερεὺς Χριστῷ τῷ ἀρχιερεῖ ἠκολούθησεν τῷ ὑπὲρ τοῦ κόσμου
παντὸς τὸ αἷμα δεδωκότι τὸ ἴδιον.

Οὕτω προσετέθη τοῖς δικαίοις ὁ δίκαιος, τὸ τοῦ δικαίου πατρὸς δίκαιον
γέννημα. Ἐγὼ γὰρ καὶ τὸν Ἰωσὴφ τὸν πατέρα τοῦ μάρτυρος λίαν τινὰ
πεπίστευκα μέγαν τε καὶ σεβάσμιον. Οὐ μόνον γὰρ αὐτὸν ἐκ τῆς ἱερᾶς τοῦ
10 εὐαγγελίου φωνῆς μεμάθηκα **δίκαιον**,[h] ἀλλ' ὅτι καὶ τῷ κατὰ Χριστὸν
μυστηρίῳ ὑπουργῆσαι ἠξίωται, ὅτι τὴν παναγίαν παρθένον καὶ θεοτόκον
ὀνόματι μνηστείας διά τινα λόγον ἐξαίρετον εἰς τήρησιν ἔλαβεν.[i] Εἰ μὴ γὰρ
ἔγνω τὸ Πνεῦμα τὸ ἅγιον ὅτι τε βίῳ καὶ λόγῳ ὁ Ἰωσὴφ ἐλαμπρύνετο καὶ πρὸ
τούτων ἁπάντων ἄσπιλον εἶχε τὴν ψυχὴν καὶ ἀρύπαρον καὶ οὕτω καὶ τὸν οἶκον
15 τὸν ἑαυτοῦ ἐξεπαίδευσεν, οὐκ ἂν αὐτὸν καὶ τὸν οἶκον αὐτοῦ εἰς διακόνους
προυβάλλετο τοῦ μυστηρίου τῆς χάριτος.

Μέγας τις τοιγαροῦν καὶ Ἰωσὴφ ὑπῆρχεν καὶ ἐνθεώτατος καὶ τῆς κατὰ
νόμον γνώσεως ἠκριβωμένος τὰ λόγια καὶ προφητικοῦ πεπληρωμένος
χαρίσματος, ἅτε δὴ τῆς Δαυιτικῆς ῥίζης γνησιώτατον βλάστημα καὶ τῷ
20 Δαυιτικῷ οἴκῳ γενόμενος καύχημα. Καὶ μάρτυς τούτων ἡ τῶν εὐαγγελίων

ACRWDEVHP ; o jusqu'à ἴδιον (6), de Ἰωσὴφ (8) jusqu'à ἠξίωται (11), et de καὶ τῆς (17) à βλάστημα (19)

4 προφθάσας ἐν : προφθάσας τοῦ μαρτυρίου ἐν μὲν R   ὁ[1] : om. o   ἀποστόλοις : ἀποστόλοις δὲ R   Ζεβεδαίου : ζεβεδαῖος v   5 νῦν δὲ ὁ ἱερεὺς : νῦν δὲ ὁ ἀρχιερεὺς v²DE, νῦν δὲ ἀρχιερεὺς v¹, ἐν δὲ ἱερεῦσιν, ὁ ἱερὸς καὶ μέγας ἰάκωβος R   Χριστῷ τῷ ἀρχιερεῖ : τῶ ἀρχιερεῖ χ̅ω̅ R   5-6 ἠκολούθησεν (ἀκολουθήσας R) ... ἴδιον : ἠκολούθησαν ὅτι αὐτῷ πρέπει δόξα, τῷ π̅ρ̅ι̅ καὶ τῷ ἁγίῳ καὶ ζωοποιῷ καὶ προσκυνητῷ αὐτοῦ π̅ν̅ι̅ νῦν καὶ ἀεὶ καὶ εἰς τοὺς αἰῶνας τῶν τῶν (sic) αἰώνων · ἀμήν (et sic desinit) o   7 Οὕτω : οὕτω τοίνυν R   τὸ : καὶ τὸ R   8 τινὰ : om. R   9 πεπίστευκα μέγαν τε καὶ σεβάσμιον : πεπίστευκα μέγαν εἶναι τε καὶ σεβάσμιον VDE, πεπίστευκα μέγαν τε καὶ σεβάσμιον εἶναι H, μέγα πεπίστευκα καὶ σεβάσμιον W, πεπίστευκα καὶ σεβάσμιον o, πεπίστευκα μέγαν τινὰ εἶναι καὶ σεβάσμιον α̅ν̅ο̅ν̅ R   9-10 τοῦ εὐαγγελίου φωνῆς : φωνῆς τοῦ εὐαγγελίου ACO   10 δίκαιον : δίκαιον εἶναι R   10-11 τῷ κατὰ Χριστὸν (χ̅υ̅ A) μυστηρίῳ : τὸ κατὰ χ̅υ̅ μυστήριον W, τῷ κατὰ χ̅ω̅ μαρτυρίῳ o   13 τε : καὶ AC, om. R   14 τούτων : τούτου R   ἁπάντων : om. RW   καὶ[3] : om. v   14-15 οἶκον τὸν ἑαυτοῦ : οἶκον ἑαυτοῦ RW, ἑαυτοῦ οἶκον VDE   15 ἐξεπαίδευσεν : ἐξεπαίδευεν AC   καὶ : τε καὶ R   εἰς διακόνους : υἱούς τε καὶ συγγενεῖς R   16 προυβάλλετο : προυβάλλεται ὑπηρέτας R   17 Μέγας τις τοιγαροῦν : ὄντως μέγας τις R   Ἰωσὴφ : ὁ ἰωσὴφ RVDE   καὶ ἐνθεώτατος : ἐνθεώτατος W, ἐν θεοσεβείᾳ A   18 νόμον : νόμων o   λόγια : λόγια κ̅υ̅ R   πεπληρωμένος : πεπληρωμένον o   19 δὴ : δὴ καὶ R   γνησιώτατον : ὁ γνησιώτατον o   βλάστημα : βλάσφημα R

f Cf. Act., 6, 8 - 7, 60.
g Cf. Act., 12, 1-2.
h Cf. Matth., 1, 19.
i Cf. Matth., 1, 18.

précédé,[f] parmi les apôtres, Jacques, le fils de Zébédée,[g] et voilà que maintenant le pontife a suivi le Christ, Pontife suprême, qui, pour le monde entier, a donné son propre sang. Ainsi, aux justes fut adjoint le Juste, juste descendance de son juste père.

Pour moi, en effet, je crois que Joseph aussi, le père du martyr, fut quelqu'un de très grand et de très vénérable. Qu'il fut un juste, je l'ai appris non seulement de la voix sacrée de l'Évangile,[h] mais par le fait même qu'il a été jugé digne de servir le mystère qui touche au Christ, parce qu'il a reçu sous sa garde la très sainte Vierge et Mère de Dieu à titre de fiancée pour une raison exceptionnelle.[i] Si en effet l'Esprit-Saint n'avait pas su que, en actes et en paroles,[21] Joseph était un homme merveilleux et que, plus que tout cela, il avait son âme exempte de toute souillure et de toute flétrissure, et que c'est ainsi aussi qu'il avait éduqué sa propre famille, il ne l'aurait pas choisi, lui et sa famille, comme serviteurs du mystère de la grâce. Joseph lui aussi fut donc quelqu'un de grand, entièrement inspiré de Dieu, observant exactement ce que disait la science de la loi, rempli du charisme prophétique puisqu'il est bien le plus noble rejeton de la souche de David, devenu la fierté de la maison de David. Et le témoin de tout cela, c'est l'Écriture des

[21] Cf. p. 39, n. 9.

γραφή, *υἱὸν* τὸν Ἰωσὴφ *τοῦ Δαυὶδ* ὀνομάζουσα [j] καὶ πᾶσιν αὐτὸν
ὑπηρετοῦντα προθύμως τοῖς δι᾿ *ἀγγέλου* χρησμοῖς ἱστορήσασα, [k] ὅπερ οὐκ ἂν
ὡς ἔτυχεν ἔπραττεν, εἰ μὴ πόρρωθεν ἐνελάμπετο *τοῦ μυστηρίου τὴν δύναμιν*. [l]

Παρὰ τούτου ἡμῖν ὁ ἱερὸς Ἰάκωβος καὶ γεγέννηται καὶ πεπαίδευται ·
25 τούτου τοῦ δικαίου υἱὸς ὑπῆρχεν οὗτος ὁ δίκαιος. Καὶ δίκαιος καὶ προφήτης
καὶ μαθητὴς καὶ ἱερεὺς καὶ ἀπόστολος καὶ ἀδελφὸς τοῦ Κυρίου καὶ μάρτυς
πρῶτος ἐν ἐπισκόποις εἶναι πιστεύεται · *ἀγαθῶν γὰρ πόνων ὁ καρπὸς*
εὐκλεὴς καὶ ἀδιάπτωτος ἡ ῥίζα τῆς φρονήσεως [m] καθάπερ σοφοῦ τινος
ἤκουσα λέγοντος.

XIII. Ἐμοὶ μὲν οὖν τὰ τῆς προθυμίας εἰς δύναμιν ἀφωσίωται. Σὺ δέ, ὦ
τρισμακάριε καὶ τῇ τοῦ Πνεύματος κοσμούμενε χάριτι, ὦ ἱερὰ καὶ τιμία καὶ
ἀποστολικὴ κεφαλὴ τὸ μαρτυρικὸν διάδημα φέρουσα, ὡς παρρησίαν ἔχων
πλείστην πρὸς τὸν θεόν, ὡς ἀδελφὸς καὶ δοῦλος γενόμενος, παῦσον ταῖς σαῖς
5 ἱκεσίαις ἐκ τοῦ λαοῦ τοῦ θεοῦ τὴν ὀργήν, γενοῦ δεύτερος Ἀαρὼν ὑπὲρ ἡμῶν τὸ
θεῖον ἐξιλεούμενος, φάνηθι καὶ σὺ ἄλλος Φινεὲς ἀποστρέφων τὸν ὀλοθρεύοντα [n]
καὶ τοσοῦτον σὺ μείζονα παρ᾿ ἐκείνους βοήθησον, ὅσῳ καὶ μείζονος παρρησίας

ACRWDEVHP ; O de πᾶσιν (21) à χρησμοῖς (22), et de Παρὰ (24) à δίκαιος¹ (25)

21 τὸν Ἰωσὴφ τοῦ Δαυὶδ : τοῦ δ̅α̅δ̅ τὸν ιωσηφ AC   22 ἱστορήσασα : ἱστορῆσαι R   ὅπερ :
ὥσπερ W, καὶ R   23 ἔτυχεν ἔπραττεν : ἔπραττεν ἔτυχεν W   ἐνελάμπετο : διελάμπετο R, ἐλάμ-
πετο W   24 τούτου : τούτων R   ἡμῖν : ἡμῖν καὶ O   καὶ γεγέννηται καὶ πεπαίδευται (παι-
δεύεται E) : καὶ πεπαίδευται καὶ γεγέννηται O   25 τούτου : τούτου τοίνυν R   δικαίου :
δικαίου ιωσηφ R   οὗτος : om. RWOP   ὁ δίκαιος : ὁ δίκαιος καὶ μέγας ἰάκωβος R   Καὶ
δίκαιος : om. W, καὶ οὐ μόνον δίκαιος ἦν ἀλλὰ R   26 καὶ ἀπόστολος : om. HPVDE
27 πρῶτος ἐν ἐπισκόποις εἶναι : πρῶτος εἶναι ἐν ἐπισκόποις W, καὶ πρῶτος ἐν ἐπισκόποις εἶναι
τε καὶ R   πιστεύεται : πιστεύεταί καὶ ὀνομάζεται R   γὰρ : γὰρ φησὶν R   28 καθάπερ : καὶ
καθάπερ A, καὶ ἄπερ E

XIII. — 1 οὖν : om. W   1-2 ὦ τρισμακάριε : ὦ τρισμακάριε π̅ε̅ρ̅ R, μακάριε P
2 Πνεύματος : ἁγίου π̅ν̅ς̅ R   κοσμούμενε : κοσμούμενος WDE   ἱερὰ καὶ τιμία : τιμία καὶ ἱερὰ
AC   3 κεφαλὴ : κεφαλὴ καὶ R, κορυφὴ VDE   ὡς : ὁ HPVDE   3-4 ἔχων πλείστην : πλείστην
ἔχων E, πλείστην W   4 τὸν : om. HP   ἀδελφὸς : ἀδελφὸς καὶ φίλος HPVDE   δοῦλος : δοῦλος
τέλειος R   4-5 σαῖς ἱκεσίαις : ἱκεσίαις σου W   5 τὴν ὀργήν : τὴν ὀργὴν τοῦ θ̅υ̅ AC (+ slavon
russe), τὴν ὀργὴν αὐτοῦ R   5-6 τὸ θεῖον : τὸν θ̅ν̅ P   6 ἄλλος : ἄλλος τις RW   ὀλοθρεύοντα :
ὀλοθρευτὴν P   7 μείζονα : μεῖζον V   παρ᾿ ἐκείνους : παρ᾿ ἐκείνοις V, παρ᾿ ἐκεῖνον W   ὅσῳ :
ὅσον W   μείζονος : μείζονος παρ᾿ ἐκεῖνον W

---

j Cf. *Matth.*, 1, 20.
k Cf. *Matth.*, 1, 24; 2, 14; 2, 21.
l Cf. GRÉGOIRE DE NAZIANZE, *In Sanctum Pascha I*, *P.G.* 35, 397 B 14-15.
m *Sap.*, 3, 15.
n Cf. *Num.*, 25, 1-15.

Évangiles, qui appelle Joseph fils de David [j] et qui a relaté comment il se mettait avec cœur au service de tous les oracles de l'ange,[k] ce qu'il n'aurait pas accompli comme ce fut le cas s'il n'avait pas été illuminé depuis longtemps sur la portée du mystère.[l]

C'est par cette homme que nous fut engendré et éduqué saint Jacques. C'est de ce juste que cet (autre) juste fut le fils. Juste, prophète, disciple, pontife, apôtre, frère du Seigneur et le premier des évêques à être martyr, voilà ce que nous croyons qu'il est; car «il est glorieux, le fruit des peines des gens de bien, et la souche sage ne peut faillir»,[m] comme j'ai entendu dire un sage.

Épilogue: invocation à saint Jacques

13. Pour moi donc, ce que je désirais (faire), je m'en suis acquitté comme j'ai pu.

Et toi, ô trois fois bienheureux, toi qui es paré de la grâce de l'Esprit, sainte et honorable tête apostolique qui portes le diadème du martyre, puisque tu as pleine liberté de parole devant Dieu, puisque tu as été son frère et son serviteur, par tes supplications fais cesser la colère sur le peuple de Dieu; sois un second Aaron, apaisant pour nous la divinité; montre-toi toi aussi un autre Phinéès détournant l'exterminateur[n] et toi, accorde une aide qui dépasse la leur de tout ce que la liberté de parole que tu as reçue

ὑπὲρ ἐκείνους ἠξίωσαι. Δίωξον ὡς ποιμὴν τὸν ἀλλόφυλον λύκον τὸν τῇ μάνδρᾳ
Χριστοῦ τοῦ θεοῦ ἐφεδρεύοντα, κατάβαλε δι᾽ εὐχῆς τῶν Ἀσσυρίων τὸ
10 σύστημα. Ὁρᾷς, ὦ πανάγιε, τὴν διασποράν, τὴν δίωσιν, τὸν διωγμόν, τὴν
ἐρήμωσιν, τὸν μολυσμὸν τῶν ἐκκλησιῶν καὶ τῶν θυσιαστηρίων τὴν κατα-
πάτησιν, ἅπερ ἅπαντα ἐξ ἡμετέρων ἡμᾶς ἁμαρτιῶν κατειλήφασι. Σὺ δέ, τὴν
ἐκκλησίαν ῥυπωθεῖσαν ἐκκάθαρον, τὴν βασιλείαν κραταίωσον, τὸν λαὸν τοῦ
θεοῦ τὸν ἐξ ἐνδόξου ἄδοξον καὶ ἐκ πλουσίου πένητα περιποίησαι, ἵνα δοξάζη-
15 ται διὰ πάντων θεὸς ὁ ἐν Τριάδι προσκυνούμενος, ὁ Πατὴρ καὶ ὁ Υἱὸς καὶ τὸ
Πνεῦμα τὸ Ἅγιον, ὅτι αὐτῷ πρέπει ἡ δόξα καὶ τὸ κράτος εἰς τοὺς αἰῶνας τῶν
αἰώνων · ἀμήν.

ACRWDEVHP

8 ὑπὲρ ἐκείνους : ὑπ᾽ ἐκείνους A, om. W   τῇ μάνδρᾳ : τὴν μάνδραν W   9 Χριστοῦ τοῦ
θεοῦ : χ̄ῡ ACE, τοῦ χ̄ῡ W   10 ὦ : οὖν E   πανάγιε : πανάγιε μάρτυς καὶ ἱερεὺς καὶ ἀπόστολε
καὶ δίκαιε καὶ ἀδελφὲ τοῦ χ̄ῡ R   δίωσιν : δίωξιν W, μείωσιν R, om. P, probabiliter legendum
est δῆωσιν, quam orthographiam nullus tamen fert ms.   12 ἅπερ ἅπαντα : ἃ πάντα W
ἡμᾶς ἁμαρτιῶν : ἁμαρτιῶν ἡμᾶς P, ἁμαρτιῶν WE   Σὺ δέ : σὺ οὖν ὡς ἔχων παρρησίαν πρὸς τὸν
τῶν ὅλων θ̄ν̄ καὶ δεσπότην R   13 κραταίωσον : κραταίωσον τῶν χριστιανῶν καὶ ὀρθοδόξων R
14 τὸν ἐξ : τὸν ἐκλεκτὸν καὶ τίμιον τὸν ἐξ R   περιποίησαι : περιποίησον W, περιποίησον ἐπὶ
νομὰς ζωηφόρους καὶ ὑπὸ τὴν σκέπην τῶν πτερύγων σου εἰσάγαγε R   14-15 δοξάζηται :
δοξάζηται καὶ τιμᾶται R   15 διὰ : περὶ A, παρὰ C   θεὸς : ὁ θ̄ς̄ W   προσκυνούμενος : ὑμ-
νούμενος C   ὁ Πατὴρ : π̄η̄ρ̄ W, om. C   καὶ[1] : om. CV   ὁ Υἱὸς : ῡς̄ W, om. C   15-16 καὶ
τὸ Πνεῦμα τὸ Ἅγιον : καὶ π̄ν̄ᾱ τὸ ἅγιον P, καὶ τὸ ἅγιον π̄ν̄ᾱ R, καὶ ἅγιον π̄ν̄ᾱ W, om. C
16 ὅτι αὐτῷ πρέπει : ὦ W, om. R   ἡ δόξα : om. R   καὶ τὸ κράτος : om. AC, slavon russe, H
εἰς : νῦν καὶ ἀεὶ καὶ εἰς RP   αἰῶνας : σύμπαντας αἰῶνας DE, σύμπαντα αἰῶνας V

dépasse la leur. Poursuis, comme un berger, le loup étranger qui épie le ber-
cail du Christ Dieu; abats par ta prière la troupe des Assyriens; tu vois, très
saint, la dispersion, la dévastation, la persécution, la désolation, les églises
profanées et les sanctuaires foulés aux pieds, toutes choses qui nous ont
assaillis à cause de nos péchés. Mais toi, purifie l'Église souillée, fortifie
l'empire, sauve le peuple de Dieu, qui de glorieux est devenu obscur et de
riche, pauvre, afin qu'à travers toutes choses soit glorifié le Dieu que l'on
adore en Trinité, le Père, le Fils et l'Esprit-Saint, car à lui convient la gloire
et la puissance pour les siècles des siècles. Amen.

III

Notes critiques

1. LES SOURCES AUXQUELLES A PUISÉ L'AUTEUR

a. L'Ancien et le Nouveau Testament

Étant donné que notre texte fut manifestement composé à une époque relativement tardive (cf. ci-dessous, p. 100), et dans une Église de langue grecque, le fait que les Épîtres de Jacques et de Jude fassent partie du canon n'a rien d'étonnant;[1] rien d'anormal non plus à ce que le livre de la Sagesse soit utilisé et qu'il ne soit pas attribué à Salomon.[2]

Nous avons dit plus haut (p. 25-27) que le texte de l'Épître de Jacques présente quelques variantes étonnantes. M. l'Abbé Jean Duplacy et M. Christian Hannick, interrogés à ce sujet, nous ont aidé à rassembler les éléments suivants:

Iac., 1, 2 εἰδότες au lieu de γινώσκοντες. Attesté seulement par un commentaire du *Ps.* 65, 10 (cf. *P.G.* 69, 1137 A 3). Ce commentaire, attribué ordinairement à Cyrille d'Alexandrie, est sérieusement suspecté d'inauthenticité par Mgr R. Devreesse.[3]

Iac., 1, 4 ἵνα ἦτε ἐν μηδενὶ λειπόμενοι. Unique, la leçon normale étant ἵνα ἦτε τέλειοι καὶ ὁλόκληροι, ἐν μηδενὶ λειπόμενοι. Cependant, καὶ

---

[1] Cf. J. LEIPOLDT, *Geschichte des neutestamentlichen Kanons*, t. 1 (Leipzig, 1907), p. 236-252.

[2] Une première fois, il est pratiquement cité sans que le lecteur soit prévenu qu'il s'agit d'une citation (I: 40-42); la seconde fois (XII: 27-28), le texte de la Sagesse est introduit par les mots assez vagues καθάπερ σοφοῦ τινος ἤκουσα λέγοντος. Il faut peut-être voir là le reflet des réserves qui ont toujours persisté — et spécialement en Palestine — sur la canonicité du livre. On trouve ces réserves même chez des Pères qui, par ailleurs, utilisent la Sagesse, par ex. chez Origène, Cyrille de Jérusalem, Épiphane, Rufin; Jérôme, lui, a fini par rejeter complètement l'usage de la Sagesse (cf. C. LARCHER, *Études sur le Livre de la Sagesse* [= *Études bibliques*], Paris, 1969, p. 41-63 et 70-71).

[3] Cf. *Anciens commentateurs*, p. 224-233.

ὁλόκληροι manquerait dans un codex grec en minuscules dont M. Hannick n'a pas le numéro. De même, les deux mots n'ont pas de correspondant dans un ms. de la Vetus Latina (*Madrid, Centr. Univ. 31*; xᵉ s.)[4] et dans un ms. sahidique (*Paris, Bibl. Nat., ms. copt. 129, 11*, fol. 122-127).[5]

Iac., 1, 12 προητοίμασεν au lieu de ἐπηγγείλατο. Unique d'après nos deux correspondants.

Iac., 1, 21 ἀποθέμενοι πᾶσαν κακίαν καὶ ῥυπαρίαν καὶ περίσσευμα καρδίας.[6] M. Hannick nous communique les parallèles suivants, tirés de mss bibliques collationnés à l'Institut für neutestamentliche Wissenschaft de Münster: ἀποθέμενοι πᾶσαν κακίαν καὶ ῥυπαρίαν καὶ περίσσευμα κακίας, *Athos, Xiropotamou 244* (xivᵉ s.), f. 95v; ἀποθέμενοι πᾶσαν κακίαν καὶ πᾶσαν ῥυπαρίαν καὶ περισσείαν αὐτῆς, *Athos, Vatopédi 968* (xvᵉ s.), f. 58v; ἀποθέμενοι πᾶσαν κακίαν καὶ περισσείαν κακίας, *Jérusalem, St-Sabas 107* (xᵉ s.), f. 74v; ἀποθέμενοι πᾶσαν ῥυπαρίαν καὶ περίσσευμα κακίας, 5 mss dont un du vᵉ s.[7]

Iac., 1, 21 adjonction de καὶ οἰκοδομῆσαι après σῶσαι. Non attesté ailleurs, d'après nos deux correspondants.

Iac., 2, 1 μὴ ἐν προσωποληψίαις ἔχετε, ἀδελφοί ... au lieu de Ἀδελφοί μου, μὴ ἐν προσωποληψίαις ἔχετε .... Non attesté ailleurs, d'après nos deux correspondants.

Iac., 5, 12 Ἔστω au lieu de ἤτω. Cela ne se trouve que dans les *Sacra Parallela* (cf. *P.G.* 96, 221 ᴀ 11).[8] Il est assez évident qu'il s'agit d'une influence de *Matth.*, 5, 37.

---

[4] Cf. *Vetus Latina: die Reste der altlateinischen Bibel*, t. 26/1 (*Epistulae Catholicae*), Fribourg-en-Brisgau, 1956, p. 9 et 2.

[5] Cf. < G. Horner >, *The Coptic Version of the New Testament in the Southern Dialect*, t. 7 (*The Catholic Epistles and the Apocalypse*), p. 188 et 548.

[6] Ici, le passage est fort corrompu dans la tradition manuscrite. Nous avons finalement opté pour la leçon conservée en R, en W et dans le slavon russe (Отложьше всяку злобу и скверну и излишение сердца ...; éd., col. 1808, lignes 31-32). On pourrait y opposer: (1) la leçon de A et C, mais un correcteur y a très probablement substitué πονηρίας à καρδίας pour rendre le texte plus intelligible; la nouvelle leçon n'est pas mieux attestée que καρδίας en dehors de notre texte; (2) la leçon de HPVDE, mais nous avons montré (p. 25-27) que, dans ces mss, on doit craindre une régularisation des citations de Jacques. — Il est clair que notre auteur avait de l'Épître un texte assez bâtard. Qu'on y lise περίσσευμα καρδίας par influence de *Matth.* 12, 34 et de *Luc.* 6, 45, ne doit pas étonner outre mesure.

[7] Il s'agit des mss *Londres, Brit. Lib., Royal 1 D VIII* (vᵉ s.), f. 102v; *Paris, Bibl. Nat., ms. gr. 14* (ixᵉ s.); *Vatican gr. 367* (xiᵉ s.), f. 57r; *Léningrad, Bibl. publ. Saltykov-Ščedrin, ms. gr. 693* (xiiᵉ s.), f. 42v; *Upsal, Bibl. Univ., ms. gr. 1* (xiiiᵉ s.), f. 200v.

[8] Sur l'authenticité damascénienne des *Sacra Parallela*, cf. M. Geerard, *Clavis Patrum Graecorum*, t. 3 (Turnhout, 1979), n° 8056.

b. L'Histoire ecclésiastique d'Eusèbe de Césarée

Si nous nous fiions à ce que dit notre auteur, nous croirions que, pour compiler sa συναγωγή (ι: 15) sur Jacques, il a eu recours à trois auteurs: Hégésippe (cf. ι: 18-29), Clément d'Alexandrie (ibid.) et Flavius Josèphe (ι: 35-36). En fait, il n'a eu devant les yeux que l'*Histoire ecclésiastique* d'Eusèbe de Césarée.[9] Non seulement en effet il cite uniquement des passages de ces 3 auteurs cités par Eusèbe, mais il emprunte également deux phrases dues à la rédaction d'Eusèbe lui-même; ce sont: **Οὕτω δὲ ἄρα θαυμάσιός τις** καὶ μέγας **ἦν** ὁ Ἰάκωβος **καὶ παρὰ τοῖς ἄλλοις ἅπασιν ἐπὶ δικαιοσύνῃ βεβόητο, ὡς καὶ** ... (ι: 30-31) et **τῆς ἐλπίδος καθ᾽ ἣν ἐξήρτυον** Παύλῳ **τὴν ἐπιβουλὴν ἐκπεσόντες, ἐπὶ Ἰάκωβον τρέπονται τὸν ἀδελφὸν τοῦ Κυρίου** etc. (x: 33-35).

Il y a donc une part de fiction chez notre auteur, et si, d'une certaine manière, il révèle ses sources, on peut dire aussi bien qu'il cache sa source principale. On est fort tenté de soupçonner sa vanité: rassembler les passages qui, dans le second livre de l'*Histoire ecclésiastique* d'Eusèbe, nous parlent de Jacques, eût sans doute paru peu glorieux; si, au contraire, ne disant pas tout, on semblait avoir rassemblé les témoignages d'Hégésippe, de Clément et de Josèphe, il est clair qu'on pouvait escompter plus de succès. C'est d'ailleurs ce qui arriva: nos 11 manuscrits, la version dans les Ménées de Macaire (milieu du xvie s.; voir ci-dessus, p. 16), et le remaniement du Métaphraste (seconde moitié du xe s.; voir ci-dessous, p. 103-104) sont là pour en témoigner encore.

Remarquons par la même occasion que notre auteur n'a pas pris dans Eusèbe tout ce qui concernait Jacques.

Ainsi, il ne parle pas de la stèle de Jacques, qui, d'après Eusèbe, demeure encore auprès du temple (καὶ ἔτι αὐτοῦ ἡ στήλη μένει παρὰ τῷ ναῷ).[9bis] Est-ce là l'indice que notre auteur a conscience que cette phrase ne correspond plus à la réalité de son temps? C'est bien possible. Le Père Abel a montré jadis[10] que ce détail emprunté par Eusèbe à Hégésippe n'était déjà plus vrai

---

[9] J. Haussleiter s'est laissé prendre au piège des apparences (dans *Analekten*, p. 73-76). En 1909, O. Stählin rétablissait la vérité (cf. *Clemens Alexandrinus*, 3. Band, p. xxxviii), sans donner pourtant un argument aussi dirimant que le nôtre. Par la même occasion, Stählin expliquait de manière satisfaisante l'erreur commise par notre auteur lorsqu'il prétend que le passage qu'il emprunte à Hégésippe vient de la sixième — et non, comme il eût fallu dire — de la septième Hypotypose.

[9bis] *Hist. eccl.*, II, 23, 18 (*Die Kirchengeschichte*, p. 170, lignes 21-22).

[10] Dans *Revue Biblique*, t. 16 (1919), p. 480-499. Le contenu de cet article a été repris de manière beaucoup moins critique par Mgr T. P. Thémélès dans *Νέα Σιών*, t. 27 (1932), p. 45-48.

au IVe s. En tout cas, Rufin, quand en 403 il traduisit l'*Histoire ecclé-siastique* d'Eusèbe, omit également ces quelques mots.[11] Et déjà en 392, Jérôme, dans son *De viris illustribus*, écrivait: «titulum usque ad obsidio-nem Titi et ultimam Adriani notissimum habuit (Iacobus). Quidam e nostris in monte Oliveti eum conditum putant, sed falsa eorum opinio est.»[12] Dans la dernière phrase, Jérôme fait allusion à une sépulture de Jacques aménagée après une «invention» du corps (suite à l'apparition du saint à un moine) en 351.[13] Ce sanctuaire du Mont des Oliviers s'est maintenu jusqu'aux croisades et au-delà.[14] *Si* notre auteur connaît Jérusalem, il a dû connaître ce «tombeau» de Jacques, mais alors il doit avoir jugé que cela ne cor-respondait pas aux quelques mots d'Hégésippe.

Notre auteur ne dit rien non plus du prétendu trône ($\theta\rho\acute{o}\nu o\varsigma$) de S. Jacques, dont Eusèbe affirme qu'on le montrait à Jérusalem,[15] et dont Rufin, dans sa traduction, dit qu'il servait de siège aux évêques de la ville.[16] Le fait est que, très tôt, cette relique, jadis située, semble-t-il, à la Sainte-Sion,[17] semble avoir disparu: déjà vers 570, le pèlerin de Plaisance n'en dit mot,[18] et pourtant ses notes sont particulièrement abondantes sur les reliques de toutes sortes que prétendait conserver la Ville Sainte. Il est donc bien difficile, voire impossible, d'interpréter le silence de notre auteur: est-ce qu'il n'a pas eu connaissance de ce passage d'Eusèbe (situé dans le livre VII, alors que tous les renseignements qu'il utilise sont empruntés au livre II)? Est-ce qu'il a jugé que cela ne ressortissait pas à son sujet? Ou son silence marque-t-il que, de son temps, la relique, comme la stèle, avait disparu?

Un dernier silence est certainement significatif: rien n'est dit du soupçon d'inauthenticité qui plane sur les épîtres de Jacques et de Jude.[19] Pour sa part, notre auteur est convaincu de leur authenticité et montre à suffisance l'estime qu'il a de la première. Ici comme au début de ce paragraphe, nous

---

[11] Cf. *Die Kirchengeschichte*, p. 171, ligne 21.

[12] Cf. éd. RICHARDSON, dans *Texte und Untersuchungen*, t. 14 (1896), p. 8.

[13] Le texte (latin) racontant cette invention a été publié dans les *Anal. Boll.*, t. 8 (1889), p. 123-124. Dans son article cité plus haut, le Père Abel en donne une traduction française et un commentaire critique.

[14] Jusqu'au XIVe s. au moins (cf. *Jérusalem nouvelle*, p. 848-849).

[15] Cf. *Hist. eccl.*, VII, 19 (*Die Kirchengeschichte*, p. 672-674).

[16] Cf. *Die Kirchengeschichte*, p. 673-675.

[17] Ce renseignement est emprunté à Pierre Diacre (moine du mont Cassin au XIIe s.), qui doit le tenir de la pèlerine Égérie (cf. *Appendix ad Itinerarium Egeriae*, dans *CC*, Ser. Lat., t. 175, p. 95 E), laquelle visita l'Orient entre 381 et 384 (cf. P. DEVOS, *La date du voyage d'Égérie*, dans *Anal. Boll.*, t. 85, 1967, p. 165-194).

[18] Cf. *CC*, Ser. Lat., t. 175, p. 129-174, et spécialement p. 140-141.

[19] Cf. EUSÈBE, *Hist. eccl.*, II, 23, 24-25 (*Die Kirchengeschichte*, p. 174, lignes 12-17).

constatons que l'«honnêteté» de l'écrivain a des limites: il cache ce qui pourrait nuire à son propos autant que ce qui pourrait diminuer son succès. Il y a chez lui, nous y reviendrons, quelque chose du panégyriste.

c. Grégoire de Nazianze

En III: 14, l'auteur prétend que, dans l'homme, le θεωρητικόν commande la πρᾶξις;[20] il signale cependant que τὸ πρακτικὸν ἐπίβασιν τοῦ θεωρητικοῦ τινες ὑπειλήφασιν. A qui renvoie ce τινές? Il est probable que c'est à Grégoire de Nazianze. Plusieurs fois en effet dans l'œuvre de ce Père, nous lisons des affirmations telles que πρᾶξις γὰρ ἐπίβασις θεωρίας (De dogmate et constitutione episcoporum, P.G. 35, 1080 B 4-5) ou d'autres semblables: εἰς δύο γὰρ ταῦτα διῃρημένης πάσης φιλοσοφίας, θεωρίαν τε λέγω καὶ πρᾶξιν, καὶ τῆς μὲν ὑψηλοτέρας οὔσης, δυστεκμάρτου δέ, τῆς δὲ ταπεινοτέρας, χρησιμωτέρας δέ, ἡμῖν μὲν ἀμφότερα δι᾽ ἀλλήλων εὐδοκιμεῖ· καὶ γὰρ θεωρίαν συνέκδημον πρὸς τὰ ἐκεῖθεν ποιούμεθα, καὶ πρᾶξιν θεωρίας ἐπίβασιν (Contra Iulianum or. I, P.G. 35, 649-652), πρᾶξις ... θεωρίας πρόξενος (In sanctum baptisma, P.G. 36, 412 c 2), ἡ ἐμὴ θεωρία, ἧς μόνοις ἐπιβαίνειν ἀσφαλὲς τοῖς τὴν ἕξιν τελεωτέροις (In Theophania, P.G. 36, 324 c 2-3).[21]

L'idée cependant s'est répandue[22] et les rapprochements que nous venons de faire ne seraient pas convaincants si on ne pouvait aligner plusieurs autres emprunts faits à Grégoire, spécialement à son panégyrique de S. Basile. Voici trois parallèles assez clairs:

[20] Nous ne sommes pas sûr qu'il en soit très convaincu; peut-être n'est-ce qu'une idée commode pour justifier le plan qu'il se proposait de suivre. N'est-ce pas ce qui semble ressortir de la phrase ἐνταῦθα τοίνυν δεδόσθω κατὰ συγχώρησιν τὸ θεωρητικὸν ἡγεῖσθαι τῆς πράξεως, ἐπείπερ τῷ πρακτικῷ τοῦ δικαίου συνῆπται καὶ τὸ μαρτύριον (lequel doit évidemment venir à la fin!). On pourrait ainsi, à propos de l'auteur lui-même, se poser la question de savoir ce qui a été premier: le θεωρητικόν ou la πρᾶξις!

[21] Le rapport complexe entre θεωρία et πρᾶξις chez Grégoire de Nazianze a été étudié dernièrement par deux fois. Cf. M. KERTSCH, Gregor von Nazianz' Stellung zu Theoria und Praxis aus der Sicht seiner Reden, dans Byzantion, t. 44 (1974), p. 282-289, et T. ŠPIDLÍK, La theoria et la praxis chez Grégoire de Nazianze, dans Studia Patristica, 14 (= Texte und Untersuchungen, 117), Berlin, 1976, p. 358-364. La seconde étude paraît avoir mieux cerné le sujet.

[22] Elle est entrée par ex. dans un tropaire qui, à l'heure actuelle, est très fréquemment chanté dans la liturgie byzantine. Ce tropaire commence comme suit: Καὶ τρόπων μέτοχος καὶ θρόνων διάδοχος τῶν ἀποστόλων γενόμενος, τὴν πρᾶξιν εὗρες, θεόπνευστε, τῆς θεωρίας ἐπίβασιν (cf. H. FOLLIERI, Initia hymnorum Ecclesiae Graecae, t. 2, Vatican, 1961, p. 257; les références sont nombreuses parce que le tropaire est utilisé pour plusieurs fêtes d'évêques martyrs). De quand date ce tropaire anonyme? Impossible de répondre, mais nous voyons qu'il est déjà attesté dans le typicon-synaxaire Patmiacus 266 (cf. DMITRIEVSKIJ, Τυπικά, p. 32), lequel nous a conservé l'état de la liturgie constantinopolitaine dans le dernier quart du IXe s. (cf. J. MATEOS, Le Typicon de la Grande Église, t. 1 [Rome, 1962], p. X-XVIII).

Notre texte	Grégoire de Nazianze, *In Basilium*
Μέλλων δὲ τὰ κατ᾽ ἐκεῖνον γράφειν τὸν ἅγιον, αὐτὸν τοῦ λόγου προστήσομαι τὸν ἐκείνου θεόν (ι: 37-39)	ἡμῖν ἰτέον… αὐτὸν προστησαμένοις τοῦ λόγου τὸν ἐκείνου θεόν (*P.G.* 36, 497 a 11-13)
Οὕτω μὲν οὖν προσετέθη τοῖς ἁγίοις ὁ ἅγιος, ὁ παρὰ τῆς ἄνω χοροστασίας ἐπιζητούμενος, οὕτω προσετέθη ὁ μάρτυς τοῖς μάρτυσιν (xii: 1-2)	ἔκειτο μὲν ὁ ἀνὴρ… παρὰ τῆς ἄνω χοροστασίας ἐπιζητούμενος (*P.G.* 36, 600 c 12-13) et προστίθεται τοῖς ἱερεῦσιν ὁ ἀρχιερεύς… ὁ μάρτυς τοῖς μάρτυσι (*P.G.* 36, 601 c 8-11)

Il semble qu'il y ait également quelques emprunts à d'autres œuvres de Grégoire. Par ex.:

Notre texte	Grégoire de Nazianze
λεγέσθω γὰρ πολλάκις ὑφ᾽ ἡδονῆς τὸ λεγόμενον (x: 7-8)	λεγέσθω γὰρ πολλάκις ὑφ᾽ ἡδονῆς (*In novam Dominicam, P.G.* 36, 609 a 13)
ἔνθεν τῆς ὑποθέσεως ἄρξασθαι ὅθεν καὶ ἄρχεσθαι πρεπωδέστατον (ι: 49-50)	ἵν᾽ ἐντεῦθεν ἄρξωμαι ὅθεν ἡμῖν πρεπωδέστατον (*In Caesarium, P.G.* 35, 757 b 1-2)

A la lumière de ces emprunts, on est tenté de dépister un peu partout l'influence du grand orateur. Nous donnons ici, en suivant l'ordre de notre texte, un certain nombre de rapprochements qui, sans s'imposer, sont peut-être des réminiscences dues à cette influence.

Notre texte	Grégoire de Nazianze
ὀκνεῖν μὲν ἔδει προσβαίνειν… (ι: 3)	τοῖς ἑξῆς ὀκνεῖ μὲν προσβῆναι ὁ λόγος (*P.G.* 36, 65 b 5)
τοῖς ὑπὲρ δύναμιν (ι: 3)	τὰ ὑπὲρ δύναμιν (*P.G.* 36, 44 a 12-13), τῶν ὑπὲρ δύναμιν (*P.G.* 35, 484 a 8), τὴν… ὑπὲρ δύναμιν (ibid., 848 d 4). Voir encore ci-dessous.
γέλωτα ὀφλεῖν κατ᾽ ἐκεῖνον τὸν ἄπορον (ι: 47)	τοῖς ὑπὲρ δύναμιν ἑαυτὸν ὑποτιθέντα γέλωτα ὀφλισκάνειν (*P.G.* 35, 501 b 12-13)
διὰ θεωρίας μάλιστα πρὸς θεὸν ἡ ἀνάβασις (iii: 9)	καὶ διὰ θεωρίας ἡ ἀνάβασις (*P.G.* 35, 1249 a 1-2)
οὐδὲν δὲ οἷον καὶ τῶν ἐκείνου ῥημάτων… μνησθῆναι (iv: 11-12)	οὐδὲν δὲ οἷον καὶ (*P.G.* 35, 649 b 5)
ὅρα πῶς καὶ τοῦ ἠθικοῦ μέρους ἐφρόντισεν (v: 16)	περὶ τοῦ ἠθικοῦ μέρους (*P.G.* 35, 660 a 9)

καὶ τούτῳ διδόναι παρ' ἐκείνην τὰ νικη- τήρια (vi: 17)

καὶ ταύτῃ δοῦναι τὰ πρεσβεῖα καὶ τὰ νικητήρια (P.G. 35, 860 A 13-14)

καὶ τί με δεῖ λέγειν καθ' ἕκαστον ; (vii: 1)

καὶ τί λέγω καθ' ἕκαστον ; (P.G. 35, 465 B 8), ἵνα μὴ λέγω καθ' ἕκαστον (ibid., 640 A 11), ἵνα μὴ καθ' ἕκαστον λέγω (ibid., 888 B 10-11)

οὗτος τῇ γλώσσῃ δεσμὸν ἐπιτέθεικεν (vii: 2)

τῇ γλώσσῃ δεσμὸν ἐπιτίθησι (P.G. 35, 480 B 2-3)

διδασκαλίας ῥυθμιζούσης λόγῳ ἢ ἔργῳ τὸν ἄνθρωπον (vii: 19)

ῥυθμιζέτω σοι καὶ βίον καὶ λόγον (P.G. 36, 381 B 1-2), τοῦ λόγου ... ῥυθμίζοντος τὸν κατὰ θεὸν ἄνθρωπον (P.G. 35, 840 A 12-13)

εἶτα ἐπειπὼν τοῦ προφήτου τὰ ῥήματα (viii: 11-12)

εἶτα ἐπειπὼν τὰ τῆς εὐχαριστίας ῥήματα (P.G. 35, 1021 A 11)

εἰ μὴ ... ἐνελάμπετο τοῦ μυστηρίου τὴν δύναμιν (xii: 23)

γνῶμεν τοῦ μυστηρίου τὴν δύναμιν (P.G. 35, 397 B 14-15), γνῶναι τοῦ μυστηρίου τὴν δύναμιν (P.G. 36, 360 C 1-2), ὁρᾶτε τοῦ μυστηρίου τὴν δύναμιν (P.G. 36, 336 C 4)

δίκαιος καὶ προφήτης καὶ μαθητὴς ... εἶναι πιστεύεται (xii: 25-27)

εἷς θεός ἐστί τε καὶ εἶναι πιστεύεται (P.G. 35, 740 A 5)

ἐμοὶ μὲν οὖν τὰ τῆς προθυμίας εἰς δύναμιν ἀφωσίωται (xiii: 1)

ἐμοὶ μὲν ἱκανῶς ἀφωσίωται (P.G. 35, 1149 D 1-2), ἔσται ... ἀφωσιωμένον (P.G. 36, 496 A 6)

σὺ δὲ..., ὦ ἱερὰ καὶ τιμία καὶ ἀπο- στολικὴ κεφαλή (xiii: 1-3)

σὺ δὲ..., ὦ θεία καὶ ἱερὰ κεφαλή (P.G. 35, 776 B 8-9)

ἵνα δοξάζηται διὰ πάντων Θεὸς ὁ ἐν Τριάδι προσκυνούμενος (xiii: 14-15)

θεὸν ὁρῶν ... τὸν ἐν Τριάδι προσκυνού- μενόν τε καὶ δοξαζόμενον (P.G. 36, 333 A 2-4), ἕνα μὲν θεὸν εἰδὼς ἐν Τριάδι προσκυνούμενον (P.G. 35, 1005 A 7-8)

On trouvera encore quelques autres similitudes entre la langue de Grégoire et celle de notre auteur aux p. 39, n. 9, p. 88, n. 35 et 36, et p. 89, n. 38.

2. LE PLAN DU TEXTE ET SON GENRE LITTÉRAIRE

a. Le plan

Sans vouloir entrer dans les détails ultimes, il nous paraît utile de dégager ici la charpente de notre texte.

L'auteur commence par un long prologue (chap. 1) où se retrouvent les inévitables lieux communs des entrées en matière. Ce prologue se termine très clairement par la phrase: Ἄγε δή μοι λοιπὸν ... θαρρήσαντι, ἔνθεν τῆς ὑποθέσεως ἄρξασθαι ὅθεν καὶ ἄρχεσθαι πρεπωδέστατον. [23] Impossible de dire plus explicitement que c'est à ce moment qu'on entre dans le vif du sujet.[24]

L'écrivain continue alors comme il le ferait s'il désirait rédiger un ἐγκώμιον (cf. ci-dessous): ce sont quelques considérations rapides sur la patrie du saint, sur son enfance; puis il coupe court en disant qu'il se limitera à la vie de Jacques après l'Ascension. C'est le chapitre 2 et le début du chapitre 3.

La seconde partie du troisième chapitre[25] est essentielle pour le plan: il s'agit d'un petit passage théorique sur la θεωρία et la πρᾶξις, où l'auteur nous annonce comment, à partir de là, il va traiter son sujet; il parlera d'abord de la θεωρία, c'est-à-dire *grosso modo* de la doctrine de Jacques, de sa vision des choses, de ses idées; ensuite, il passera à la πρᾶξις, à ses actes et en particulier à son martyre.

i. La θεωρία de Jacques:[26]

1) l'auteur la trouve d'abord dans l'Épître de Jacques, qu'il cite largement, ajoutant toujours un bref commentaire (chap. 4 à 7);

2) il la trouve encore dans son intervention au «Concile de Jérusalem», racontée au chap. 15 des Actes (chap. 8);

3) il la trouve enfin dans ce que les πρεσβύτεροι de Jérusalem disent à Paul au chap. 21 des Actes, quand circulait contre l'apôtre des gentils l'accusation d'inciter les Juifs de la diaspora à abandonner la Loi de Moïse (chap. 9). Ce chap. 9 se termine sur l'adresse de l'Épître de Jude, qui témoigne elle aussi de l'estime dont jouissait le frère du Seigneur.

ii. La πρᾶξις de Jacques:[27]

1) on la reconnaît dans sa vie d'ascèse et de prière (chap. 10, première partie);

---

[23] On lit une phrase de transition tout à fait semblable dans le panégyrique de S. Césaire par son frère Grégoire de Nazianze (voir ci-dessus, p. 84).

[24] Le ms. R a d'ailleurs laissé tomber exactement tout le chap. 1; c'est là une confirmation, car souvent un remaniement laisse tomber le prologue.

[25] Ici, à notre avis, Papadopoulos-Kerameus a mal divisé ses chapitres.

[26] Dans toute cette partie, l'auteur, à côté des idées mêmes de Jacques, souligne toujours l'autorité morale dont jouissait son héros.

[27] Le passage de la θεωρία à la πρᾶξις est marqué aussi clairement que possible par la première phrase du chap. 10: ... ὅτε τὸ θεωρητικὸν τοῦ ἀνδρὸς εἰς δύναμιν διεξήλθομεν, νῦν καὶ τὸ πρακτικὸν ὡς οἷόν τέ ἐστιν ἐπελθεῖν μὴ ὀκνήσωμεν.

2) dans son martyre (chap. 10, 2me partie,[28] et chap. 11).

Suit une finale rhétorique (chap. 12): «ainsi donc, aux saints fut adjoint le saint ... ainsi le martyr fut adjoint aux martyrs, etc.». A la phrase «aux justes fut adjoint le juste», l'auteur accroche — c'est une sorte d'excursus — un bref éloge de Joseph le juste, le père de Jacques.

L'écrivain a fini: il le dit très clairement dans la première phrase du chap. 13: ἐμοὶ μὲν οὖν τὰ τῆς προθυμίας εἰς δύναμιν ἀφωσίωται. Il entame donc son épilogue sous la forme d'une prière (chap. 13) adressée à S. Jacques.

b. Le genre littéraire

L'auteur dit explicitement (I: 13-16) qu'il ne veut pas faire un panégyrique (ἐγκώμιον) mais une *compilation* (συναγωγή) de ce qui a été dit sur Jacques, le frère du Seigneur: οὐκ ἐγκώμιον Ἰακώβου γράψαι διανοούμενος — τοῦτο γὰρ οἶδα καὶ τοῖς λίαν ὑπὲρ ἐμὲ τυγχάνον ἀδύνατον — ἀλλά τινα συναγωγὴν τῶν περὶ τοῦ δικαίου λεγομένων ποιήσασθαι.

De fait, un peu comme Eusèbe de Césarée, sa source par excellence avec le Nouveau Testament, notre auteur ne craint pas d'aligner de très longues citations. Son génie propre le pousse d'abord à recopier fidèlement, non à imaginer[29] ni à faire du beau style. En ce sens, il appartient à cette famille d'intelligences soucieuses d'érudition et de fidélité aux sources, qui a contribué à faire naître la science historique, et nous pourrions dire que, participant à l'esprit de celui qu'il exploite, il est un Eusèbe au petit pied.

On peut également relever que le texte ne prétend pas être une allocution, même fictive: aucun vocatif n'interpelle des auditeurs.[30] Il s'agit d'un écrit

---

[28] Ici de nouveau, la division introduite par Papadopoulos-Kerameus ne nous semble pas très satisfaisante.

[29] En un endroit cependant, lorsqu'il dit: τῆς μὲν οὖν ἐκ παίδων ἀναστροφῆς αὐτοῦ γνώρισμα καθέστηκεν φανερώτατον τὸ οὕτως αὐτὸν ὑπάρχειν τοῖς Ἰουδαίοις αἰδέσιμον, λαῷ σκληρῷ καὶ αὐθάδει καὶ μηδένα ποτὲ τῶν προφητῶν ἢ δικαίων τιμήσαντι · ἀλλ' ὅμως τοῦ ἀνδρὸς τὸ ἐγκρατὲς καὶ νηφάλιον καὶ τοὺς λίαν κακούργους Ἰουδαίους ἐνέτρεψεν καὶ τοῦτον τιμᾶν, καὶ ἄκοντας, κατηνάγκασεν (II: 7-12), nous le voyons céder, parce qu'il manque de données sur la jeunesse de Jacques, à la mentalité des hagiographes qui, lorsque leurs sources font défaut, s'efforcent de découvrir le vraisemblable. Le procédé est bien connu (cf. H. DELEHAYE, *Les légendes hagiographiques* [= *Subsidia hagiographica*, 18a], Bruxelles, 1955⁴, p. 85-92); et, de temps à autre, on découvre encore, comme ici, la trace de telle ou telle déduction à laquelle l'hagiographe a recouru; on trouvera un autre exemple frappant dans la Vie de S. Théodore de Cythère (cf. *Anal. Boll.*, t. 87, 1969, p. 277-278).

[30] Sauf dans la prière finale où l'auteur s'adresse à S. Jacques, on ne relève dans le texte aucun vocatif interpellant des auditeurs.

(σύγγραμμα,[31] γραφή[32]); il est seulement prévu qu'on le lise ou qu'on l'entende lire.[33]

Mais si réels que soient ces éléments, il est indéniable que, en même temps, ce texte obéit beaucoup aux règles du panégyrique. Notre auteur, en fait, oscille entre deux genres littéraires qui sont la compilation historique et l'ἐγκώμιον.

Qu'on lise les pages consacrées par le P. Delehaye à typer le panégyrique,[34] qu'on lise les panégyriques de Grégoire de Nazianze, de Basile, de Grégoire de Nysse, et on verra que notre texte, sur certains points, répond tout à fait au genre, tandis que sur d'autres il s'en écarte complètement.

A notre avis, c'est au chapitre 2 que sa fidélité aux règles de l'ἐγκώμιον est le plus visible. Le prologue est terminé; l'usage du panégyrique veut qu'on parle de la patrie du saint, de son éducation, de sa famille, etc. Et le P. Delehaye fait bien remarquer que les panégyristes chrétiens affectent volontiers quelque dédain pour ces éléments extérieurs à la personnalité du saint.[35] N'est-ce pas ce que nous trouvons dès le début du chap. 2? Ἄλλοι μὲν οὖν τοῖς κοσμικοῖς σεμνυνέσθωσαν καὶ ἐπ' εὐγενείᾳ τῇ κάτω μέγα φρονείτωσαν καὶ τοῖς μικροῖς ἐπαιρέσθωσαν καὶ τὰ μὴ ἄξιά τινος τίμια νομιζέτωσαν. Pour la famille, il suffit à notre auteur de dire que Jacques est ἀδελφόθεος. Sa patrie — il tourne la difficulté — c'est la Jérusalem ... céleste.[36] Sa vie avant l'Ascension du Seigneur, il n'en sait rien, et supplée donc par un raisonnement:[37] τῆς μὲν οὖν ἐκ παίδων ἀναστροφῆς αὐτοῦ γνώρισμα καθέστηκεν φανερώτατον τὸ οὕτως αὐτὸν ὑπάρχειν τοῖς Ἰουδαίοις αἰδέσιμον, λαῷ σκληρῷ καὶ αὐθάδει καὶ μηδένα ποτὲ τῶν προφητῶν ἢ δικαίων τιμήσαντι · ἀλλ' ὅμως τοῦ ἀνδρὸς τὸ ἐγκρατὲς καὶ νηφάλιον καὶ τοὺς λίαν κακούργους Ἰουδαίους ἐνέτρεψεν καὶ τοῦτον τιμᾶν, καὶ ἄκοντας, κατη-

---

[31] Cf. I: 37: ταῦτα ... εἰρήσθω ἐν ταῖς ἀρχαῖς τοῦ **συγγράμματος**.

[32] Cf. I: 13: ἐπὶ τήνδε τὴν **γραφὴν** ἐμαυτὸν ἐπιδοῦναι τεθάρρηκα.

[33] Cf. I: 16-17: ὥστε **τοῖς ἀκροωμένοις ἢ ἐντυγχάνουσιν** τὰ κατὰ τὸν ἄνδρα τοῦτον ὑπάρχειν εὐσύνοπτα.

[34] *Passions*, p. 141-165.

[35] Cf. ibid., p. 143-144. Grégoire de Nazianze fournit un bon exemple dans le panégyrique de sa sœur Gorgonia. Remarquons qu'il exprime sa pensée exactement avec la même opposition que notre auteur: **ἄλλος μὲν οὖν** πατρίδα τῆς ἀπελθούσης ἐπαινείτω καὶ γένος, νόμους ἐκγωμίων αἰδούμενος ... **ἐγὼ δὲ** ... ἐπ' αὐτὴν ὡς τάχιστα τρέψω τὸν λόγον (*P.G.* 35, 792-793).

[36] Le procédé est courant. Grégoire de Nazianze fait la même chose dans les panégyriques de Gorgonia: Γοργονίᾳ πατρὶς μὲν ἡ ἄνω Ἰερουσαλήμ (*P.G.* 35, 796 в 2-3) et des Machabées: πατρίς ... ἡ ἄνω Ἰερουσαλήμ (*P.G.* 35, 920 в 14). Et Grégoire de Nysse, au début de son éloge de Grégoire le Thaumaturge, dit: τῷ δὲ καθ' ἡμᾶς λόγῳ μία τετίμηται πατρὶς ὁ παράδεισος..., μία πόλις, ἡ ἐπουράνιος, et il ajoute comme notre texte ἧς τεχνίτης καὶ δημιουργὸς ὁ θεός (*P.G.* 46, 896 в 10-14).

[37] Cf. p. 87, n. 29.

νάγκασεν. Et de la sorte, sans sacrifier à la mode, l'auteur en tient tout de même compte! Ensuite, il arrive à ce qu'il veut vraiment traiter: ἐγὼ δὲ τῶν μετὰ τὴν ἀνάληψιν τοῦ Κυρίου πεπραγμένων τῷ ἀνδρὶ τὸν λόγον ποιήσομαι. [38]

D'autres éléments peuvent être évoqués, même s'ils ne sont pas tous aussi significatifs: ainsi, le prologue, où l'auteur exalte son sujet et confesse son incapacité de le traiter dignement, mais on sait que ces prologues et leurs lieux communs commencent non seulement les panégyriques mais bien d'autres textes de genres différents. On peut noter encore la présence des comparaisons (συγκρίσεις) tant appréciées et, chez les chrétiens, la plupart du temps empruntées aux livres saints: quand l'auteur décrit l'ascèse de Jacques, il compare celui-ci successivement à Jérémie, à Samuel, à Samson et à Moïse, et dans la prière (chap. 13) qui sert d'épilogue, il lui demande de se montrer un second Aaron et un nouveau Phinéès (le même procédé se retrouve dans le panégyrique de S. Théodore attribué à S. Grégoire de Nysse).[39] Autre élément: le martyre du saint est explicitement présenté comme rattaché à son πρακτικόν, et cela rappelle fort le topique πράξεις.[40] De plus, il nous paraît probable que la «finale rhétorique»: οὕτω μὲν οὖν προσετέθη τοῖς ἁγίοις ὁ ἅγιος..., οὕτω προσετέθη ὁ μάρτυς τοῖς μάρτυσιν... [41] est inspirée par l'avant-dernier topique: τὰ τῆς τύχης, la fortune du héros.[42] Enfin, le procédé qui consiste à s'adresser, pour terminer, au saint dont on vient de faire l'éloge est absolument classique dans les panégyriques de Grégoire de Nazianze,[43] et il l'est resté, pratiquement, jusqu'en notre xxe siècle.[44]

[38] Ici encore, le procédé est utilisé plus d'une fois par Grégoire de Nazianze. Cf. son panégyrique de Basile: ἄλλοι μὲν οὖν..., ἐγὼ δὲ... (P.G. 36, 501 A-B), ou celui de sa sœur Gorgonia (cf. p. 88, n. 35).

[39] Cf. DELEHAYE, Passions, p. 145; P.G. 46, 745-748.

[40] Cf. DELEHAYE, Passions, p. 147.

[41] La formule employée (προσετέθη) s'enracine dans l'A.T. Cf. Gen. 25, 8, où l'on dit d'Abraham, à sa mort: προσετέθη πρὸς τὸν λαὸν αὐτοῦ; Gen. 25, 17, προσετέθη πρὸς τὸ γένος αὐτοῦ (à propos d'Ismaël); Gen. 35, 29, προσετέθη πρὸς τὸ γένος αὐτοῦ (à propos d'Isaac); etc. Mais c'est de nouveau chez Grégoire de Nazianze que nous trouvons des formules très proches de celle employée par notre auteur: ainsi, dans son éloge de Basile, προστίθεται τοῖς ἱερεῦσιν ὁ ἀρχιερεύς... ὁ μάρτυς τοῖς μάρτυσιν (P.G. 36, 601 C 8-11), ou dans celui d'Athanase, προστίθεται τοῖς πατράσιν αὐτοῦ (P.G. 35, 1128 B 1).

[42] Cf. DELEHAYE, Passions, p. 143.

[43] Cf. les éloges qu'il a prononcés de sa sœur Gorgonia, de son père Grégoire, des saints Athanase, Cyprien et Basile. Même dans un discours στηλιτευτικός, comme son second Contra Iulianum, Grégoire de Nazianze termine en interpellant le mort qu'il vient de fustiger.

[44] Citons à ce propos un texte intéressant du xive s. Constantin Acropolite, dans son Discours sur S. Jean ὁ Νέος Ἐλεήμων, s'exprime explicitement comme si à son époque le procédé allait toujours de soi: πρὸς δὲ τὸν ἅγιον καὶ αὖθις ἄγε τὸν λόγον ἐπανακτέον καὶ περατὶ τοῦτον αἰσίῳ δοτέον, ὡς ἔθος εἰς εὐχὴν καταλήξαντα (Anal. Boll., t. 91, 1973, p. 53, §12).

Tous ces éléments, dont les moindres ne sont pas les nombreuses ressemblances que nous avons relevées entre notre texte *BHG* 766 et les discours de Grégoire de Nazianze, montrent clairement que le texte ici étudié a subi l'influence des vieux préceptes de l'éloquence sophistique, surtout si on se souvient que ces règles, pour réelles qu'elles fussent, s'accommodaient de beaucoup de souplesse, selon la matière qui devait être traitée.

Pourtant, certaines caractéristiques du panégyrique ne correspondent pas du tout à la pratique de notre auteur. Ne disons rien de l'hyperbole,[45] présente, mais non envahissante. Ce qui est clair, c'est que l'horreur des noms propres[46] et le silence sur les sources[47] contredisaient trop le sens historique de notre auteur pour être acceptés.

Ainsi, nous croyons rejoindre la réalité en disant que le texte *BHG* 766 oscille constamment entre la compilation historique et l'ἐγκώμιον.

3. Où, quand et par qui le texte a-t-il été écrit?

a. Il est peu probable qu'André de Crète en soit l'auteur

Seuls deux manuscrits grecs[48] sur dix (et parmi les moins bons) attribuent notre texte à André de Crète. C'est peu. La version en slavon russe, elle aussi, est muette concernant l'auteur. Il y a donc toutes chances que l'attribution à André de Crète ne se trouvait pas sur l'archétype duquel descendent nos onze témoins grecs et la version en slavon russe.

Néanmoins, l'édition princeps a été faite d'après un ms. qui portait le nom d'André, et personne n'a mis en doute cette paternité: ni Papadopoulos-Kerameus, ni Latyšev,[49] ni les Bollandistes,[50] ni Haussleiter,[51] ni Stählin,[52] ni même, plus récemment, Beck[53] ou Caraffa;[54] on pourrait sans peine allonger la liste.

[45] Cf. DELEHAYE, *Passions*, p. 147-150.
[46] Cf. ibid., p. 150-152.
[47] Cf. ibid., p. 165.
[48] Ce sont H (xiᵉ s.) et V (datant de 1004); il faut évidemment ajouter I, copié sur V au xviiᵉ s.
[49] *Замѣтки*, p. 133.
[50] Dans *Anal. Boll.*, t. 12 (1893), p. 303; *Bibliotheca Hagiographica Graeca*, 1909², p. 107; *BHG*, t. 1, p. 253; etc.
[51] *Analekten*, p. 73-76.
[52] *Clemens Alexandrinus*, 3. Band, p. xxxviii.
[53] *Kirche und theologische Literatur im byzantinischen Reich* (= *Byzantinisches Handbuch*, II, 1), Munich, 1959, p. 500-501.
[54] *Bibliotheca Sanctorum*, t. 1 (Rome, 1961), p. 1142.

Pourtant, l'attribution ne va pas sans faire difficulté. En effet, la prière finale du chapitre 13 fait allusion à «la dispersion, la dévastation, la persécution, la désolation, à des églises profanées et à des sanctuaires foulés aux pieds, au peuple de Dieu, qui, de glorieux, est devenu obscur, et de riche devenu pauvre». Haussleiter, trop peu critique une fois encore,[55] a voulu voir là la trace des premières attaques arabes contre la Crète. Mais, comme on le sait, c'est longtemps après la mort d'André (survenue en 740),[56] à savoir de 822 à 828, que les Musulmans se sont emparés de la Crète.[57] A part deux allusions dans les œuvres authentiques de l'évêque et un passage dans sa Vie (écrite au ixe s. par Nicétas le patrice), aucune source ne nous parle d'incursions arabes en Crète du vivant d'André. Et encore, Loparev l'a bien montré, même ces passages ne témoignent que de coups de mains sans grande envergure, rien en tout cas qui puisse engendrer la situation pathétique décrite au chap. 13.[58]

Il nous faut donc renoncer à voir dans notre texte une œuvre d'André écrite en Crète (son élévation au siège de Gortyne date de 692 au plus tôt, de 713 au plus tard).

Mais avant cela, depuis 685, André de Crète vivait à Constantinople. Malgré les troubles qui ont agité l'empire à cette époque, on ne voit pas bien qu'à Constantinople on ait pu pendant ces années-là écrire notre chapitre 13.

Si donc le texte était d'André de Crète, il devrait dater de sa première jeunesse, avant 685, de l'époque où, sans être encore diacre, il était simple moine à Jérusalem. C'est peu probable, d'autant plus que la situation de Jérusalem à cette époque ne répond pas non plus aux descriptions du chap. 13.

L'attribution à André de Crète est donc fort peu sûre.[59]

[55] Voir ci-dessus, p. 81, n. 9.

[56] Pour tout ce qui concerne la chronologie de la vie de S. André de Crète, l'étude fondamentale reste celle de S. VAILHÉ, dans *Échos d'Orient*, t. 5 (1902), p. 378-387.

[57] Cf. N. M. PANAGIÔTAKÈS, Ζητήματά τινα τῆς καταχτήσεως τῆς Κρήτης ὑπὸ τῶν Ἀράβων. Ι. Ἡ χρονολογία, dans Κρητικὰ Χρονικά, t. 15/16, II (= Πεπραγμένα τοῦ α' διεθνοῦς χρητολογικοῦ συνεδρίου, t. 2), 1961/1962, p. 9-28, et V. LAURENT, *Le statut de la Crète byzantine avant et après sa libération du joug arabe*, ibid., p. 382-396.

[58] *Описаніе нѣкоторыхъ греческихъ Житій святыхъ*, dans *Византійскій Временникъ*, t. 4 (1897), p. 345-348.

[59] Dans son article Ἀνδρέας ὁ Κρήτης de la Θρησκευτικὴ καὶ ἠθικὴ ἐγκυκλοπαιδεία, t. 2 (Athènes, 1963), N. TOMADAKIS, qui ne soupçonne pas d'inauthenticité l'éloge de Jacques, signale trois autres discours ou homélies qui, certainement ou probablement, ont été attribués à tort à André de Crète (col. 682-686).

b. Les données de la critique interne

Une fois mis en doute le fait qu'André de Crète soit l'auteur de notre texte, il ne nous reste plus qu'à utiliser les maigres données de la critique interne pour déterminer où et quand ce texte a été écrit. Les deux problèmes sont liés; cependant, pour la clarté de l'exposé, nous les traiterons, autant que possible, séparément.

i. Quand le texte a-t-il été écrit?

Il est du début du xe s. au plus tard, puisqu'on a toutes raisons d'attribuer à cette date le ms. O, lequel représente déjà un remaniement de notre texte. Certainement postérieur à Grégoire de Nazianze, il semble être de la fin du ve s. au plus tôt, puisqu'il emploie le mot ἀδελφόθεος (cf. II: 3), lequel, à notre connaissance, n'est attesté pour la première fois de manière certaine que dans les œuvres du pseudo-Denys[60] (aux alentours de l'an 500).

Ici déjà nous rencontrons une difficulté: nous savons par Photius[61] qu'a existé une homélie d'Hésychius de Jérusalem (première moitié du ve s.) «sur Jacques et David». Notre auteur, sûrement postérieur à Hésychius, semble pourtant l'ignorer. Ne dit-il pas: τῷ μηδένα τῶν εἰς γνῶσιν ἐλθόντων ἐμὴν σκοπὸν τοιοῦτον (= écrire en détail tout ce que l'on sait de Jacques, et prendre celui-ci comme sujet central de son écrit) ἐσχηκέναι ποτέ? Alors, a-t-il vraiment ignoré Hésychius? Ou le texte d'Hésychius était-il trop peu historique à ses yeux? Ou encore, faut-il prendre au sérieux la prétention de l'écrivain d'être le premier à traiter un sujet?[62] Il est impossible de répondre avec certitude à ces questions.

Cela dit, quels sont les autres éléments de datation que l'on peut tirer de la critique interne? Nous n'apercevons que deux passages éclairants. Ce sont d'une part, au chap. 1, l'allusion au fait que la mémoire de Jacques est désormais célébrée partout (ὁρῶν τε μνήμας, καὶ μάλα δικαίως, ἐν ταῖς πανταχόσε τοῦ Χριστοῦ ἐκκλησίαις διὰ παντὸς γινομένας Ἰακώβου τοῦ ἀδελφοῦ τοῦ Κυρίου) et, d'autre part, la longue prière finale dont nous avons

---

[60] Cf. *P.G.* 3, 681 D 1-2. Le mot est employé également dans un commentaire du psaume 68, v. 28, attribué à Cyrille d'Alexandrie, mais Mgr Devreesse a dit combien cette attribution était suspecte (*Anciens commentateurs*, p. 232-233).

[61] Cf. *Bibliotheca*, cod. 275 (*P.G.* 104, 241-244).

[62] On pourrait en douter, quand on constate que Syméon Métaphraste, au moment où il remania le texte, a continué à dire: Πολλοῖς μὲν γὰρ καὶ ἄλλοις ὑπῆρξε... περὶ τοῦ δικαίου τούτου διεξελθεῖν, καὶ πρό γε πάντων Ἡγησίππῳ καὶ Κλήμεντι, ὧν ὁ μὲν..., ὁ δὲ... ἔνια τῶν αὐτῷ πεπραγμένων ... παρέδοσαν τοῖς εἰς ὕστερον · ἀλλ' οὐδεὶς εἰς ἄπαντα καθῆκεν ἑαυτόν, οὐδὲ τὰ κατὰ μέρος εἰπεῖν ἐφιλοτιμήσατο (*P.G.* 115, 200 A-B).

déjà parlé et qui fait allusion à des persécutions, des dévastations, des déportations, des profanations d'églises, etc.

A quelle époque a-t-on pu dire, fût-ce en exagérant, que la mémoire de Jacques était désormais célébrée par toutes les Églises du Christ? Pour répondre à cette question, nous prendrons une à une les cinq principales dates auxquelles le frère du Seigneur a été commémoré, pour en déterminer l'origine et la fortune.

(1) *Le 1er décembre.* Le premier décembre 351, à la suite d'«apparitions» de S. Jacques à un ermite de la vallée du Cédron nommé Épiphane, on procéda à l'invention de 3 corps qu'on crut être ceux des SS. Jacques, Zacharie et Syméon. La date de cette invention nous a été conservée par un ms. latin de Chartres, datant du xe s.,[63] mais ce document ne témoigne nullement que l'événement ait jamais été célébré en Occident; par contre, l'historicité du récit nous est garantie par le fait que l'événement est commémoré à la même date dans le vieux lectionnaire géorgien,[64] dont on sait qu'il nous a gardé la liturgie de Jérusalem, telle qu'on la célébrait entre le milieu du ve et la fin du viiie s. approximativement.[65] La même commémoraison se lit encore dans le calendrier palestino-géorgien du xe s. publié par M. Garitte, ainsi que dans d'autres livres liturgiques en géorgien.[66] Enfin, d'après le P. Abel, la fête serait encore mentionnée dans un martyrologe égyptien en arabe.[67]

Bref, la célébration de S. Jacques au 1er décembre ne sort guère du cercle étroit de Jérusalem et de la liturgie géorgienne, laquelle dépend directement de celle de la Ville Sainte.

(2) *Le 25 mai.* Quand on eut «découvert» les corps, le 1er décembre 351, on les mit en sécurité à la Sainte-Sion, puis, un 25 mai suivant (peut-

[63] Il s'agit du ms. 125 de la Bibliothèque municipale de Chartres, détruit lors de l'incendie du 26 juin 1944 (cf. *Catalogue général des manuscrits des bibliothèques publiques de France*, t. 53 [Paris, 1962], p. 3 et 11). Comme ce ms. avait été acheté dès le xe s. par les moines de Saint-Pierre de Chartres à un moine lombard, il y a quelque chance qu'il ait été de provenance italienne. Le texte de l'invention avait heureusement été publié dans les *Anal. Boll.*, t. 8 (1889), p. 123-124. En 1919, nous l'avons dit, le P. Abel en a donné dans la *Revue biblique* (p. 485 et suiv.) une traduction française, accompagnée de judicieuses remarques critiques. Le même texte latin se lit encore dans le ms. 27, fol. 96v-98r (x^e-xie s.) de la Bibliothèque capitulaire de Vérone, mais on ne l'a pas encore collationné avec l'édition.

[64] Cf. TARCHNISCHVILI, *Grand lectionnaire*, t. 2, p. 54, n° 1393.

[65] Cf. RENOUX, *Jérusalem 121*, I, p. 24.

[66] Cf. GARITTE, *Calendrier*, p. 400.

[67] Cf. *Jérusalem nouvelle*, p. 848. Le P. Abel, auteur de ce chapitre, n'est pas autrement précis.

être dès 352), un oratoire ayant été construit par les soins d'un certain Paul d'Éleutheropolis, on y déposa solennellement les reliques de Jacques, Zacharie et Syméon. La source de tous ces renseignements, c'est toujours le ms. latin de Chartres cité ci-dessus. Mais à nouveau, cette source est confirmée par le vieux lectionnaire géorgien,[68] par le calendrier palestino-géorgien du xe s.[69] et aussi par le fameux calendrier de marbre gravé à Naples dans le troisième quart du IXe s.[70]

De nouveau, la commémoraison du 25 mai ne s'est guère répandue en dehors de Jérusalem et des fidèles de langue géorgienne. La mention napolitaine est si isolée en son genre qu'elle a induit en erreur le Père Delehaye.[71]

(3) *Dans les derniers jours de décembre.* Le vieux lectionnaire arménien — on sait que ce document nous a gardé l'état de la liturgie hiérosolymitaine entre 417 et 439[72] — mentionne, au 25 décembre (à Jérusalem, à cette époque, on ne fête pas encore Noël), une commémoraison de Jacques et de David.[73] C'est à cette célébration qu'il nous faut rattacher l'homélie d'Hésychius à laquelle nous avons déjà fait allusion.[74]

Un détail nous éclaire sur l'origine de cette fête : le pèlerin anonyme de Plaisance, lequel a fait son voyage en Terre Sainte vers 570, nous dit qu'à cette date encore tant les Juifs que les Chrétiens célébraient à Hébron le 26 décembre la *depositio* de Jacob (cf. *Gen.* 49, 29-32) et de David.[75] Nous avons tout lieu de croire que la commémoraison de Jacques le Juste et de David est la christianisation d'une célébration originelle de Jacob et de David.[76] Et nous trouvons par le fait même l'origine de la fête, tout-à-fait normale chez les Byzantins, de Jacques, Joseph (l'époux de Marie) et de David, laquelle prenait et prend encore place le dimanche après Noël.[77]

[68] Cf. TARCHNISCHVILI, *Grand lectionnaire*, t. 1, p. 12, nᵒˢ 989-991.

[69] Cf. GARITTE, *Calendrier*, p. 232-233.

[70] Cf. A. SILVAGNI, *Neapolis*, tab. III; pour la datation du monument, cf. DELEHAYE, *Hagiographie napolitaine*, p. 59; D. MALLARDO, *Il calendario marmoreo di Napoli*, Rome, 1947, p. 44.

[71] Cf. *Hagiographie napolitaine*, p. 23; le P. Delehaye a cru que le 25 mai était une erreur pour le 25 juillet, et qu'il s'agissait dès lors de Jacques le Majeur. M. Garitte a dénoncé cette faute dans *Calendrier*, p. 233.

[72] Cf. RENOUX, *Jérusalem 121*, I, p. 181.

[73] Cf. RENOUX, *Jérusalem 121*, II, p. 366-369.

[74] Cf. ci-dessus, p. 92.

[75] Cf. *CC*, Ser. Lat., t. 175, p. 168 (§ 30).

[76] Cf. RENOUX, *Jérusalem 121*, II, p. 367, nᵒ LXXI, note 1.

[77] Cf. DELEHAYE, *Synaxarium*, col. 345-348. Ici, nous rencontrons une nouvelle difficulté: si, originellement, il existait, le 25 ou le 26 décembre, une commémoraison de

Cette fête de la fin décembre, présente très tôt dans la liturgie hiéroso-lymitaine et dans les liturgies qui dépendent d'elle, a eu plus de succès que les précédentes; néanmoins, ce ne fut que lentement. Il est vrai que, dès le Ve s., nous trouvons commémorée l'ordination de S. Jacques au 27 décem-bre dans le martyrologe hiéronymien.[78] Mais on se souviendra qu'il s'agit là

Jacques et de David, plus tard on constate qu'on commémore à Byzance, le Dimanche après Noël, Joseph (l'époux de Marie), Jacques et David. De quand date cette adjonction de Joseph? Il est bien difficile de le dire. C'est un fait attesté pour la fin du IXe s. (cf. DMITRIEVSKIJ, Τυπικά, p. 37). Par contre, le lectionnaire géorgien ne mentionne encore que Jacques et David. De même, il existe, attribué à Côme de Maïouma (parfois, avec plus de vraisemblance, à Jean Damascène [cf. Νέα Σιών, t. 26, 1931, p. 730-731], parfois, par con-jecture, à un Kosmas qui ne serait pas l'évêque de Maïouma [cf. W. CHRIST et M. PARANIKAS, Anthologia Graeca Carminum Christianorum, Leipzig, 1871, p. L]), un canon qui ne célèbre encore que David et le frère du Seigneur (cf. les Ménées, au Dimanche après Noël). On peut en conclure que l'adjonction de Joseph s'est faite ou du moins universalisée assez tardivement. D'ailleurs un autre canon (cf. les Ménées, également au Dimanche après Noël), dû à Joseph l'Hymnographe (†886), célèbre S. Joseph seul, et, si on met ce fait en rapport avec les données de certains synaxaires comme le Vatican gr. 1613 (cf. DELEHAYE, Synaxarium, col. 344, sous le sigle B), on peut se demander s'il n'y a pas eu d'abord, en certains endroits, une fête de Joseph seul. La question de l'adjonction de Joseph à Jacques et à David intéresse notre sujet: en effet, notre texte se termine précisément par un éloge de S. Joseph et, a priori, on doit se demander si cette addition n'a pas été inspirée par l'existence d'une fête commune de Jacques et de Joseph. Finalement, nous inclinons à croire que non, étant donné que d'une part la fête commune semble tardive (VIIIe ou IXe s.) et que, d'autre part, la description des malheurs du peuple de Dieu (chap. 13) indique plutôt, à notre avis (cf. ci-dessous, p. 98-100) la première moitié du VIIe s.

[78] Adsumptio sancti Iohannis evangelistae apud Ephesum, et ordinatio episcopatus sancti Iacobi fratris Domini qui ab apostolis primus ex Iudaeis Hierosolimis est episcopus ordinatus et medio pascha martyrio coronatus (Act. SS., Nov. t. II, 2, p. 11). C'est là la seule commémoraison du frère du Seigneur remontant à la rédaction originale du martyrologe hiéronymien; et on remarquera qu'il est curieusement associé à S. Jean. Ce doit être là le fruit d'une confusion avec son homonyme, Jacques, le fils de Zébédée. En effet, dans le Breviarium Syriacum de 411, on ne dit rien du frère du Seigneur, mais on lit par contre, au 27 décembre, comme dans le martyrologe hiéronymien, ܘܣܐ ܘܩܒܚܣܐ ܣܒܐܩܠ ܥܢܬܘܟ܍ ܟܖܐܝܪܠܚ, «Jean et Jacques, apôtres à Jérusalem» (Act. SS., Nov., t. II, 1, p. LII); en l'absence de toute précision, il est quasi certain qu'il s'agit des deux Boanergès; d'ailleurs, les lectionnaires arménien (au 29 déc.; cf. P.O. 36, p. 373) et géorgien (au 29 déc.; cf. TARCHNISCHVILI, Grand lectionnaire, t. 1, p. 16-17) connaissent cette fête des 2 fils de Zébédée à côté de celle de Jacques, frère du Seigneur, et de David. Dans le «calendrier de Carthage», de peu postérieur à 505 et où, à nouveau, on ne trouve rien sur Jacques, le frère du Seigneur, c'est au contraire Jean qui est confondu avec le Baptiste: VI k. ian. (= 27 déc.) s. Iohannis Baptistae et Iacobi apostoli quem Herodes occidit (cf. Act. SS., Nov. t. II, 1, p. LXXI). Dans le sillage, apparemment, du martyrologe hiéronymien, d'autres documents, plus tardifs, tel le Calendrier de S. Willibrord, commémorent, au 27 décembre, à la fois S. Jean et l'ordination de Jacques frère du Seigneur (cf. H. A. WILSON, The Calendar of Saint Willibrord [= Henry Bradshaw Society, vol. 55], Londres, 1918, pl. XII et p. 45).

d'un martyrologie général, non d'un martyrologe local;[79] dès lors, rien n'indique que le premier évêque de Jérusalem ait été, dès cette époque, honoré d'un culte en Occident. Bien plus tard, c'est-à-dire dans la première moitié du IXe s., nous voyons poindre en Espagne une fête du frère du Seigneur, le 28 décembre.[80] Un peu plus tard, sur le calendrier de marbre de Naples (3e quart du IXe s.), un S. Jacques est commémoré au 29 décembre.[81] Et nous avons déjà dit qu'à Byzance, dès le plus ancien typicon-synaxaire (P: dernier quart du IXe s.), le frère du Seigneur est commémoré le Dimanche après Noël, en même temps que son père Joseph et que David.

(4) *Le 1er mai*. A Rome, sous Pélage Ier (556-561), c'est-à-dire à une époque où les Byzantins, avec à leur tête l'eunuque Narsès, contrôlaient la ville, on entreprit de construire une grande basilique en l'honneur des SS. Philippe et Jacques (le Mineur). Le monument ne fut terminé que sous Jean III (561-574),[82] et on y enferma des reliques qu'on ne devait retrouver que le 15 janvier 1873.[83]

C'est la dédicace de cette basilique — événement datant du 1er mai 562 au plus tôt, du 1er mai 574 au plus tard — qui est commémorée dans la fête commune des apôtres Philippe et Jacques;[84] cette commémoraison s'étendit progressivement, au fur et à mesure que s'imposait un peut partout en Occident la liturgie romaine.

---

[79] Sur la distinction entre ces deux genres de documents et sur le martyrologe hiéronymien en particulier, on pourra lire les pages claires et succinctes du P. DELEHAYE dans *Cinq leçons sur la méthode hagiographique* (= *Subsidia hagiographica*, 21), Bruxelles, 1934, p. 42-59.

[80] Cette fête, qui n'est pas mentionnée dans le plus ancien ms. liturgique espagnol que nous ayons conservé (le ms. 89 de la Bibliothèque Capitulaire de Vérone, originaire de Tarragone et antérieur à 711; cf. éd. critique par J. VIVES, dans *Monumenta Hispaniae Sacra*, t. 1), apparaît pour la première fois de manière certaine dans un martyrologe espagnol de la première moitié du IXe s., le codex *Escorial I III 13* (cf. H. PLENKERS, *Untersuchungen zur Ueberlieferungsgeschichte der ältesten lateinischen Mönchsregeln*, Munich, 1906, p. 100) et dans le sacramentaire mozarabe ms. 35.3 de la Bibliothèque Capitulaire de Tolède, également du IXe s. (cf. M. FÉROTIN, *Le Liber mozarabicus sacramentorum* [= *Monumenta Ecclesiae liturgica*, 6], Paris, 1912, p. XXV-XXVI et col. 64-67). On la retrouve ensuite dans les nombreux calendriers du Xe et du XIe s. que J. VIVES et A. FABREGA ont naguère rassemblés (cf. *Calendarios hispánicos anteriores al siglo XII*, dans *Hispania Sacra*, t. 2, 1949, p. 146; *Calendarios hispánicos anteriores al siglo XIII*, *ibid.*, p. 355, 361, 367, 373, 379).

[81] Cf. SILVAGNI, *Neapolis*, pl. VI. La brève mention *Natale Sancti Iacobi apostoli* ne permet pas de savoir de manière tout à fait certaine si le Jacques ainsi désigné est le frère du Seigneur ou le fils de Zébédée, selon qu'il s'agit d'un reste de la fête de Jacques et David ou d'un reste de celle de Jean et Jacques.

[82] Cf. *Liber Pontificalis*, éd. L. DUCHESNE, t. 1 (Paris, 1886), p. 303-305.

[83] Cf. H. GRISAR, *Analecta Romana*, t. 1 (Rome, 1899), p. 619-626.

[84] Cf. *Anal. Boll.*, t. 91 (1973), p. 378.

(5) *Le 23 octobre*. Sous Justin II (565-578), on édifia à Constantinople, à proximité immédiate du sanctuaire des Chalcopratées, un sanctuaire en l'honneur de S. Jacques, le frère du Seigneur,[85] et il y eut transfert de reliques des trois saints dont, deux siècles plus tôt, on avait cru retrouver les corps dans la Vallée du Cédron: Jacques, Zacharie, Syméon. La dédicace se fit un 23 octobre,[86] et c'est là l'origine de la commémoraison de Jacques en ce jour, commémoraison devenue absolument commune dans les synaxaires et célébrée jusqu'aujourd'hui.

Tout ce que nous venons de dire des célébrations de S. Jacques semble indiquer que notre texte ne peut être antérieur à 550. C'est en effet de la seconde moitié du VIᵉ s. seulement que date la diffusion du culte du frère du Seigneur à Rome et, ce qui est plus important, à Constantinople. Il est clair que, dès que ces deux grands centres eurent une fête du frère du Seigneur, un texte comme le nôtre, empreint malgré tout de quelque rhétorique, pouvait dire: ὁρῶν ... μνήμας, καὶ μάλα δικαίως, ἐν ταῖς πανταχόσε τοῦ Χριστοῦ ἐκκλησίαις διὰ παντὸς γινομένας Ἰακώβου τοῦ ἀδελφοῦ τοῦ Κυρίου.[87]

[85] Cf. JANIN, *Les églises et les monastères*, p. 253-254.

[86] Dans le typicon-synaxaire P, qui nous a conservé l'état de la liturgie constantino-politaine dans le dernier quart du IXᵉ s. (cf. ci-dessus, p. 83, n. 22), il est encore dit claire-ment, au 23 octobre: ἐγκαίνια ἐπιτελοῦμεν τοῦ ἁγίου ἀποστόλου Ἰακώβου τοῦ ἀδελφοῦ τοῦ Κυρίου κατὰ σάρκα · συνέφθασεν δὲ καὶ τοῦ ἁγίου Ζαχαρίου τοῦ ἱερέως καὶ Συμεὼν τοῦ δικαίου (DMITRIEVSKIJ, *Τυπικά*, p. 15); de plus, le choix même des textes pour la liturgie indique manifestement qu'il s'agit de la fête d'une dédicace. Dans les synaxaires plus récents (tels *Jé-rusalem, Sainte-Croix, 40*, qui donne la liturgie des années 957-959; cf. *Античная древ-ность и средние века*, t. 10, 1973, p. 125 et 129), on garde encore le souvenir des trois saints et la mention de la dédicace (cf. MATEOS, *Typicon*, p. 74). Mais plus tard, c'est-à-dire dans l'immense majorité des synaxaires, d'une part Jacques a éclipsé ses deux compagnons, et d'autre part on ne fait plus aucune allusion à une dédicace; seule parfois s'est maintenue la mention de la synaxe dans le ναός de S. Jacques, ἔνδοθεν τοῦ ναοῦ τῆς ὑπεραγίας Θεοτόκου ἐν τοῖς Χαλκοπρατείοις (voir par ex. DELEHAYE, *Synaxarium*, col. 155-157).

[87] Dans toute la section qui précède, nous ne nous sommes pratiquement pas occupé de l'Église d'Égypte; c'est avant tout par manque de documents sur le sanctoral de cette région. Pour la période ancienne, on dispose de deux calendriers fragmentaires. L'un, publié par W. E. CRUM (dans *Zeitschrift für die neutestamentliche Wissenschaft*, t. 37, 1938, p. 23-32) peut être attribué au Vᵉ ou au VIᵉ s.; on ne sait s'il vient d'une église chalcédonienne ou monophysite, et il contient au plus des fragments de 4 mois de l'année, rien en tout cas con-cernant le frère du Seigneur. Le second, duquel le Père DELEHAYE a parlé dans les *Anal. Boll.* (t. 42, 1924, p. 83-99), est bien daté de 535/536; on ne sait pas non plus s'il vient d'une église monophysite ou non; il s'étend du 23 Paopi (= 21 oct. en 535) au mois de Pamenoth (= à peu près mars) apparemment; il s'agit donc aussi d'un document très fragmentaire; on n'y trouve aucune mention de S. Jacques. A part cela, nous ne pouvons recourir qu'à des données plus fragmentaires encore, par ex. dans les fragments liturgiques publiés par Wessely, ou au synaxaire (rédigé en arabe) de l'Église copte, lequel est notablement plus tar-dif (le ms. le plus ancien utilisé par R. Basset dans son édition date de la fin du XIVᵉ s.): là, il y a une fête de Jacques, frère du Seigneur, au 18 Epîp (12 juillet; cf. *P.O.* 17, 662-663), et

Le second passage qui peut nous offrir un indice chronologique est la description des malheurs du peuple de Dieu insérée dans la prière du chapitre 13.

A notre avis, les ennemis dont l'action est décrite à cet endroit sont les Perses, lors de leur conquête de la Syrie, de la Palestine et de l'Égypte entre 611 et 629. En effet, tout ce qui est dit de dévastations, persécutions, profanations, διασπορά, etc., correspond bien à ce que nous savons par ailleurs de cette période sanglante.[88] Il est vrai que l'on a vu d'autres persécutions, profanations, etc., par exemple après la conquête arabe de ces mêmes contrées.[89] Néanmoins, le mot διασπορά s'applique à merveille aux déportations qui frappèrent les habitants de Jérusalem (et le patriarche Zacharie en premier lieu); or, de telles déportations ne sont pas si fréquentes. A cette époque aussi, on comprend bien que notre auteur, même s'il écrit en Orient, ait dit: τὴν βασιλείαν κραταίωσον. Les habitants de l'est méditerranéen se considéraient en effet encore comme les sujets de Byzance. Il me semble que cette expression est par contre impensable à partir du moment où les Chrétiens d'Orient se sont sentis sujets du Calife, et ceci nous empêche de toute façon d'affirmer que le texte a été écrit en Orient après le VIIᵉ s.

Une objection vient cependant à l'esprit: pourquoi, si le texte date de l'occupation perse, ne parle-t-il pas de la relique de la Croix enlevée par les Perses? On peut y répondre de deux manières:

ou bien en citant un certain nombre de textes qui datent sûrement de cette quinzaine d'années (614-630) et qui, tout en faisant également allusion aux malheurs que les Chrétiens se sont attirés par leurs péchés, ne disent mot de la relique volée: ainsi, la lettre envoyée d'exil par Zacharie à son ancienne communauté,[90] et la lettre-préface du moine Antiochus à Eustathe d'Ancy-

---

une autre de Jacques, fils d'Alphée (mais la notice montre bien qu'il s'agit pour les Coptes du même personnage) au 10 Amšir (4 février; cf. *P.O.* 11, 812-813); on a donc bien l'impression qu'une fois séparée des autres Églises, la chrétienté copte a développé son culte au frère du Seigneur de manière tout à fait autonome; et chez elle aussi, ce fut relativement tardif.

[88] Cf. COURET, *La prise de Jérusalem par les Perses en 614*, dans *Revue de l'Orient Chrétien*, t. 2 (1897), p. 123-164; BRÉHIER-AIGRAIN, *La conquête arabe*, p. 81-83; ABEL, *Histoire de la Palestine*, t. 2, p. 389-391; STRATOS, *Tò Βυζάντιον*, t. 1, p. 265-283; *Orientalische Geschichte von Kyros bis Mohammed*, Lief. 2 (= *Handbuch der Orientalistik*, I, 2, 4, 2), Leyde, 1966, p. 262.

[89] Cf. R. AIGRAIN, *Arabie*, dans *Dictionnaire d'Histoire et de Géographie ecclésiastiques*, t. 3 (Paris, 1924), col. 1299 et suivantes; BRÉHIER-AIGRAIN, *La conquête arabe*, p. 138-141; ABEL, *Histoire de la Palestine*, p. 402-406; STRATOS, *Tò Βυζάντιον*, t. 3, p. 129-132.

[90] Cf. *P.G.* 86, II, 3228-3233.

re[91] (une brève allusion à la relique volée se trouve dans le λόγος ρ̅ζ̅ du même Antiochus, περὶ κατανύξεως);[92]

ou bien en admettant que le texte pourrait également dater de la période de 634 à 638, pendant laquelle les Arabes, sans avoir encore pris Jérusalem, pillaient à leur guise les villages environnants; on connaît les homélies de S. Sophrone qui décrivent cette situation;[93] dans ce cas, les mots διασπορά, ἐρήμωσις auraient un sens un peu différent, faisant allusion à la dévastation des campagnes et aux habitants dispersés pour échapper aux bandes d'Arabes pouvant sévir à tout moment.

Quoi qu'il en soit, à bien considérer les quelques indices que nous possédons pour dater notre écrit, nous pensons pouvoir dire que, *s'il a été écrit en Orient*, il doit dater de la première moitié du VIIe siècle.

ii. Où le texte a-t-il été rédigé?

Ce problème-ci est beaucoup moins facile à résoudre. Évidemment, le texte a été rédigé dans une Église de langue grecque. Mais à part cela, on ne dispose d'aucun élément contraignant pour répondre à la question.

Il y a bien sûr le choix même du sujet: Jérusalem a toujours été le centre du culte du frère du Seigneur. Aux origines, on y a vénéré sa tombe;[94] au IVe s., on y montrait sa «chaire»[95] et on le considérait comme le premier évêque de la ville;[96] en 351, on a cru y retrouver son corps et on lui a construit un sanctuaire;[97] Jérusalem enfin, grâce à Jacques, le frère du Seigneur, a pu se considérer comme siège apostolique et en faire à l'occasion un argument pour se voir reconnaître le titre de patriarcat, ce que Juvénal, après beaucoup d'efforts, obtint à Chalcédoine en 451.[98]

---

[91] Cf. *P.G.* 89, 1421-1428.

[92] Cf. *P.G.* 89, 1764 B-C.

[93] Cf. par ex. celle prononcée à Noël 634 (éditée par H. USENER dans *Rheinisches Museum für Philologie*, t. 41 [1886], p. 501-516); celle sur le Baptême éditée par PAPADO-POULOS-KERAMEUS dans 'Ανάλεκτα, t. 5, p. 151-168, spécialement §10. On trouve également une allusion à l'activité des Arabes dans la lettre synodale envoyée par Sophrone à Serge, patriarche de Constantinople, immédiatement après sa nomination au siège de Jérusalem en 634 (cf. *P.G.* 87, III, 3197-3200).

[94] Cf. F.-M. ABEL, *La sépulture de saint Jacques le Mineur*, dans *Revue Biblique*, t. 16 (1919), p. 480-484.

[95] Cf. ci-dessus, p. 82.

[96] Cf. EUSÈBE, *Hist. eccl.*, II, 1, 2 (*Die Kirchengeschichte*, p. 104, lignes 2-3) et IV, 5, 3 (*Die Kirchengeschichte*, p. 304, lignes 22-25).

[97] Cf. ci-dessus, p. 93-94.

[98] Cf. W. DE VRIES, *Die Patriarchate des Ostens: bestimmende Faktoren bei ihrer Entstehung*, dans *I patriarcati orientali nel primo millennio* (= *Orientalia Christiana Analecta*, 181 [Rome, 1968]), p. 33-35.

A cela s'ajoute le fait que les malheurs décrits dans la prière finale et dont nous venons de parler s'accommodent bien d'une localisation en Palestine.

Mais on ne peut pas dire que ces arguments soient contraignants. Et d'autres indices qu'on pourrait faire valoir, comme le silence concernant la tombe et le trône de Jacques,[99] la mention, au chap. 13, de τῶν Ἀσσυρίων τὸ σύστημα,[100] sont encore plus délicats à interpréter.

Un argument se présente même en sens contraire: pourquoi, si l'auteur était de Jérusalem, a-t-il ignoré le panégyrique d'Hésychius sur Jacques et David? Mais ce raisonnement lui aussi est suspect.[101] Imaginons que cet éloge, presque entièrement perdu aujourd'hui, n'ait pas contenu les éléments historiques que rassemble notre auteur: ce que celui-ci dit dans son prologue resterait entièrement vrai.

En résumé, notre texte date certainement d'entre 550 et 900. Et il y a de bonnes raisons de croire qu'il a été écrit en Palestine entre 610 et 640.

4. LE COMMENTAIRE DE L'ÉPÎTRE CATHOLIQUE

Les chapitres 4 à 7 de notre texte constituent un bref commentaire de l'Épître de Jacques. Il semble d'ailleurs parfaitement indépendant des autres commentaires de l'Épître que nous connaissons dans la littérature grecque:[102] il n'emprunte à aucun d'eux,[103] il n'est pas non plus utilisé par

[99] Cf. ci-dessus, p. 81-82.

[100] A notre avis, on ne peut rien bâtir de certain sur Ἀσσυρίων τὸ σύστημα ni sur ἀλλόφυλον λύχον. Le plus vraisemblable est qu'il s'agit de pures images bibliques, incapables de nous révéler l'origine des ennemis visés. Ceci malgré de fragiles parallèles tels que λύχος ἀραβιχὸς (cf. Hab. 1, 8 et Soph. 3, 3) καὶ ἀλλόφυλος chez Grégoire de Nazianze (*P.G.* 36, 28 c 9) et une prière du typicon de l'Anastasis à Jérusalem (tel que nous l'avons conservé, ce typicon date de 1122) parlant du νοῦς ὁ μέγας τῶν Ἀσσυρίων (cf. PAPADOPOULOS-KERAMEUS, Ἀνάλεχτα, t. 2, p. 188, lignes 29-30), expression dans laquelle l'éditeur a peut-être imprudemment voulu voir les Ἄραβες μουσουλμᾶνοι (cf. ibid., p. 501, *sub verbo* Ἀσσύριοι); chaque fois que les auteurs du VIe siècle parlent des Perses, ils disent très clairement οἱ Πέρσαι; une seule fois nous avons trouvé χαλδαϊχὸς χειμών (cf. lettre-préface d'Antiochus de Saint-Sabas; *P.G.* 89, 1421 B 4); nous n'avons pas trouvé un seul exemple dans lequel on les désignerait du nom biblique d'Ἀσσύριοι.

[101] Cf. ci-dessus, p. 92.

[102] Ces commentaires sont très peu nombreux. Un seul remonte à l'âge d'or de la patristique et est sûrement antérieur à notre texte, celui de Didyme d'Alexandrie; on ne l'a conservé intégralement qu'en latin (cf. Fr. ZOEPFL, *Didymi Alexandri in epistolas canonicas brevis enarratio*, Münster i.W., 1914, p. 1-8; jadis, E. Klostermann a douté de son authenticité, aujourd'hui reconnue [cf. DEVREESSE, *Chaînes*, col. 1226-1227]). A part celui-là, on ne dispose guère, comme pour toutes les Épîtres catholiques, que des commentaires suivants:

(1) un commentaire anonyme, toujours inédit, que nous ont gardé les mss *Vat. gr. 652* et *1270*, ainsi que, moyennant un certain remaniement, le *Patmiacus 263* (cf. K. STAAB, *Die*

d'autres, sinon évidemment par Syméon Métaphraste qui, lorsqu'il a remanié le texte, a conservé sa partie exégétique.[104] Ce n'est pas très étonnant
si l'on songe au dédain que l'on a eu longtemps dans l'Église grecque pour
les Épîtres catholiques;[104bis] leurs commentaires, *a fortiori*, n'ont jamais pu
se répandre beaucoup ni acquérir grande célébrité.

Selon toute vraisemblance, notre auteur a donc tiré ses gloses de son propre fonds. C'est ce qui explique que nous trouvions, même dans le commentaire, la marque du rhéteur: qu'on songe, par ex., aux trois comparaisons, celle du pédagogue (παιδοτρίβης, iv: 17), du législateur (νομοθέτης, v:
16), et surtout celle du médecin (ἰατρός, iv: 39; cette comparaison se pour-
suit en v: 1).

N'est-ce pas aussi le rhéteur, avec son souci des *paradigmata*, et des
testes (μάρτυρες), qui se trahit en vi: 9-11 d'abord: οὐδὲν δὲ τῶν ὑπ' αὐτοῦ

---

griechischen *Katenenkommentare zu den katholischen Briefen*, dans *Biblica*, t. 5, 1924,
p. 296-353). Ce commentaire, qui utilise largement celui de Didyme, est daté par Staab —
pratiquement sans arguments — du vi[e] s. environ (cf. ibid., p. 349-350);

(2) des notes extrêmement succinctes, qu'on peut lire dans les marges du ms. *Vat. gr.
1971* (cf. ibid., p. 342-344);

(3) une chaîne formée à partir (a) du commentaire anonyme et des notes succinctes ci-
dessus mentionnés, (b) d'extraits de l'Écriture ou d'écrits patristiques qui n'étaient pas,
originellement, des commentaires des Épîtres catholiques; cette chaîne nous est parvenue
sous 3 formes principales, légèrement différentes (l'une d'elles a été publiée par I. A.
CRAMER, qui a édité le ms. *Oxford, New College 58* dans ses *Catenae Graecorum Patrum in
Novum Testamentum*, t. 8, 1844); puisque le caténiste cite Maxime le Confesseur, son œuvre
ne peut guère être antérieure à 650; d'autre part, elle existe sûrement au xe s.; pour Staab,
à qui revient le mérite d'avoir étudié la chaîne dans l'article cité ci-dessus, elle doit dater de la
seconde moitié du viie ou du début du viiie s. (plus tard, des érudits ont regroupé les textes
de cette chaîne dont le lemme indiquait comme auteur soit Chrysostome [= *P.G.* 64, 1040-
1052], soit Cyrille d'Alexandrie [= *P.G.* 74, 1008-1012], soit Hésychius [= *P.G.* 93, 1389],
et on a cru pendant un temps que c'étaient là les débris de commentaires perdus des Épîtres
catholiques);

(4) le commentaire dit de Théophylacte de Bulgarie (= *P.G.* 125, 1132-1189); une
recension un peu différente de ce texte se trouve également, par erreur, éditée sous le nom
d'Œcumenius (= *P.G.* 119, 452-509; cf. DEVREESSE, *Chaînes*, col. 1224). Ce commentaire
a utilisé la chaîne dont il est question sous 3.

[103] La seule similitude notable (due au hasard?) est l'emploi, dans notre texte, du mot
κατασκόπους (τὴν δὲ τοὺς κατασκόπους ἑτέρᾳ ὁδῷ παραπέμψασαν, vi: 22), alors que le texte
de l'épître porte ἀγγέλους et qu'une brève note de la chaîne publiée par Cramer dit: τοὺς
ἀγγέλους · κατασκόπους (t. cit., p. 18).

[104] Un petit fragment de Métaphraste est passé dans le ms. *Vatican gr. 1270* (cf. *Biblica*,
t. 55, 1974, p. 74-75).

[104bis] Jusqu'au viie s., à Constantinople, les épîtres catholiques n'étaient pratiquement
jamais lues à la liturgie (cf. P. M. GY, *La question du système des lectures de la liturgie
byzantine*, dans *Miscellanea Liturgica in onore di Sua Eminenza il Cardinale Giacomo Ler-
caro*, t. 2 [Rome, 1967], p. 254-256).

λεγομένων **ἀμάρτυρον** εἴασεν, ἀλλὰ πρὸς πᾶν τὸ λεγόμενον ἐγγὺς τὸ **παράδειγμα**..., ensuite en vi: 20-21: καὶ πείθει τοῦτο λέγων, εὐθὺς τὸν Ἀβραὰμ καὶ τὴν Ῥαὰβ παράγων εἰς **μάρτυρας** ...

Enfin, c'est sûrement le rhéteur qui répète par six fois οὗτος (vii: 1-5), et qui termine son commentaire par une phrase bien connue des orateurs: Καὶ τί λέγω τὰ πλείονα ; (vii: 20), après avoir d'ailleurs déjà dit une fois: Καὶ τί με δεῖ λέγειν καθ' ἕκαστον ; (vii: 1).

Sur le contenu du commentaire, il y a peu à dire: mentionnons seulement que, lorsque (iv: 37-39) l'auteur dit de Jacques προγινώσκων ... ὅτι ἔσται χρόνος ὅτε πλανώμενοι οἱ ἄνθρωποι αἴτιον τῶν κακῶν ἡγήσασθαι τὸν θεὸν οὐκ ὀκνήσουσιν, il a peut-être à l'esprit l'homélie de S. Basile ὅτι οὐκ ἔστιν αἴτιος τῶν κακῶν ὁ θεός (P.G. 31, 329-353). C'est d'ailleurs un point sur lequel tous les grands Docteurs grecs ont écrit. Grégoire de Nazianze ne dit-il pas dans son premier discours Contra Iulianum: ἀναίτιον γὰρ παντάπασι κακῶν τὸ θεῖον (P.G. 35, 572 в 1-2), et dans son homélie In sanctum baptisma (BHG 1947): πίστευε μὴ οὐσίαν εἶναί τινα τοῦ κακοῦ, μήτε βασιλείαν, ἢ ἄναρχον ἢ παρ' ἑαυτῆς ὑποστᾶσαν, ἢ παρὰ τοῦ θεοῦ γενομένην, ἀλλ' ἡμέτερον ἔργον εἶναι τοῦτο καὶ τοῦ πονηροῦ (P.G. 36, 424 α 11-15)? Grégoire de Nysse touche au même point dans son Oratio catechetica: οὐχ ὁ θεός σοι τῶν παρόντων ἐστὶν αἴτιος κακῶν (P.G. 45, 25 α 7-8), et plus loin: οὐκοῦν ἔξω τῆς τῶν κακῶν αἰτίας ὁ θεός (ibid., 32 c-d). Et Chrysostome, dans son Hom. 23 in Acta Apostolorum, aborde la même difficulté: Μηδεὶς τοίνυν εἴπῃ ὅτι ὁ θεὸς ἡμῖν αἴτιος κακῶν (P.G. 60, 181, ligne 17). On pourrait multiplier les citations de ce genre.

Notre auteur continue alors en parlant de ceux qui disent que nous péchons ἐκ φύσεως (cf. v: 1). Le thème paraît un peu moins fréquent, mais on le rencontre par exemple chez Athanase, qui accuse Apollinaire de suivre les Manichéens dans cette doctrine perverse: Τί γὰρ περὶ τῆς ἁμαρτίας ὁρι-ζόμενοι ταῦτα λαλεῖτε, φυσικὴν εἶναι τὴν ἁμαρτίαν λέγοντες, κατὰ τὸν ἀσεβέστατον Μανιχαῖον ; ... Ὅτε τὸν Ἀδὰμ ἀρχῆθεν ἔπλασεν ὁ Θεός, μήτιγε σύμφυτον αὐτῷ δέδωκε τὴν ἁμαρτίαν ; (P.G. 26, 1120 в 2-8). De même, Chrysostome, dans son Hom. 45 (46) in Matthaeum, dit: ὅτι γὰρ οὐ φύσεως τὸ ἁμάρτημα οὐδὲ ἀνάγκης καὶ βίας, ἄκουσον (P.G. 58, 473, lignes 22-23); et le même sujet revient encore dans l'Hom. 2 in Epist. ad Ephes. (P.G. 62, 20, lignes 4-9 et 35-42).

5. LA PIÈCE DE SYMÉON MÉTAPHRASTE
SUR JACQUES LE FRÈRE DU SEIGNEUR (*BHG* 764)
DÉPEND DE NOTRE TEXTE

a. *Les deux textes sont apparentés*

Pour s'en rendre compte, il suffit de voir les nombreux passages où le texte de Syméon Métaphraste est littéralement le même que celui de notre édition. Voici un exemple pris entre des dizaines d'autres:

Texte de notre édition	Texte de Syméon Métaphraste[105]
Δύο δὲ ὄντων τῶν ἀγόντων ἄνθρωπον εἰς τελείωσιν, θεωρίας ἅμα καὶ πράξεως, ἐξ ὧν αἱ ἀρεταὶ τὸ κράτος εἰλήφασιν, ἐξεταστέον ἐν ἑκατέρῳ τοῦ ἀνδρὸς τὸ εὐδόκιμον. Ἀλλ' ἐπείπερ διὰ θεωρίας μάλιστα πρὸς θεὸν ἡ ἀνάβασις, πρῶτον τὸ θεωρητικὸν τοῦ Ἰακώβου, ὡς οἷόν τέ ἐστιν, διεξέλθωμεν καὶ οὕτω καὶ τὸ πρακτικὸν εἰς δύναμιν ἐξετάσωμεν.	Δύο δὲ ὄντων τῶν ἀγόντων ἄνθρωπον εἰς τελείωσιν, θεωρίας φημὶ καὶ πράξεως, ἐξ ὧν αἱ ἀρεταὶ τὸ κράτος εἰλήφασιν, ἐξεταστέον ἐν ἑκατέρῳ τοῦ ἀνδρὸς τὸ εὐδόκιμον. Ἀλλ' ἐπείπερ διὰ θεωρίας μάλιστα πρὸς θεὸν ἡ ἀνάβασις, πρῶτον τὸ θεωρητικὸν ἐκείνου, καθ' ὅσον οἷόν τε διεξέλθωμεν, εἶτα καὶ τὸ πρακτικὸν εἰς δύναμιν ἐξετάσωμεν.

b. *Le texte de Syméon Métaphraste dépend du nôtre; il dépend même de la famille de mss représentée par A et C*

Le texte de Syméon Métaphraste, lorsque, comme dans le passage cité ci-dessus, il est pratiquement identique au texte que nous éditons, possède un certain nombre de variantes qui sont caractéristiques de la famille AC. Ce sont par ex.

p. 737 A 4,   θεσμόν et non δεσμόν (cf. VII: 2, app. crit.).

p. 737 B 2-3,   un texte qui est en fait un arrangement de celui obtenu par le saut du même au même dans la famille AC (cf. ci-dessus, p. 17). Retouché par Syméon Métaphraste, le texte est le suivant: Τοὺς εὐθυμοῦντας ασφάλειαν ἑαυτῶν ποιεῖσθαι τὴν προσευχὴν διδάσκει ... .

p. 737 D 4,   l'omission de ἐν comme dans notre éd., IX: 10, app. crit.

p. 737 E 18,   les mots ἀλλ' οὕτως εἰσῄει ὡς μόνος, qui correspondent

---

[105] Dans nos citations du Métaphraste, nous citons l'édition des *Act. SS.*, Maii t. 1, p. 735-738. Elle est basée sur un seul ms. du vieux fonds royal de Paris et est donc sujette à caution; mais on ne dispose pas encore d'une édition plus critique. — Le passage repris ici se lit p. 735 F 10-17.

aux mots ἀλλ' οὕτως εἰσήρχετο ὡς μόνος caractéristiques de A et C (cf. éd., x: 20, app. crit.).

p. 737 E 19-20, les mots Εἰσερχόμενος δὲ ... εὑρίσκετο, qui correspondent au καὶ εἰσερχόμενος εὑρίσκετο de A et C (cf. éd., x: 21, app. crit.).

p. 738 A 8-9, la variante κινδυνεύει πᾶς ὁ λαὸς Ἰησοῦν τὸν Χριστὸν προσδοκῶν qui se retrouve elle aussi en A et C (cf. éd., x: 46, app. crit.).

On pourrait encore donner d'autres exemples.

Dès lors, une seule explication reste possible pour rendre compte de la parenté entre les deux textes: Syméon Métaphraste a eu en mains un ms. qui avait dans ses ancêtres l'archétype de la famille AC (archétype symbolisé par x dans notre stemma).[106]

c. *Syméon Métaphraste a probablement utilisé notre ms. C ou un exemplaire très proche de ce dernier*

On constate en effet que le texte métaphrastique, chaque fois qu'il ne modifie pas son modèle, a les variantes propres au ms. C, mises à part quelques fautes évidentes de ce ms. pour lesquelles Métaphraste restitue la bonne leçon.

Ces similitudes sont les suivantes: d'abord, le titre, ce qui est déjà très significatif; ensuite, la présence de δὲ après ἕκαστος (cf. v: 3, app. crit., et Métaphr., p. 736 D 2), l'omission de πάντως προσήκειν (cf. vi: 16, app. crit., et Métaphr. p. 736 F 12), le διδάσκει inséré pour remédier au saut du même au même qui caractérise la famille AC (cf. vii: 16, app. crit., et Métaphr., p. 737 B 3), l'omission d'un καί (cf. viii: 14, app. crit., et Métaphr., p. 737 C 8), la leçon ἐπὶ γόνυ (cf. x: 24, app. crit., et Métaphr., p. 737 F 1), la leçon ἐστέλλετο (cf. x: 33, app. crit., et Métaphr., p. 737 F 10), la leçon συνεληλυθότας de Métaphr. (p. 738 A 14) qui correspond au συνελθόντας du ms. C (xi: 3, app. crit.), la leçon λιθοβολούντων (cf. xi: 28, app. crit., et Métaphr., p. 738 C 12), la leçon ἀπεπίαζον (cf. xi: 32, app. crit., et Métaphr., p. 738 D 4).

[106] Ehrhard s'est donc trompé quand il a cru voir dans le texte du ms. *Vatican gr. 1190*, f. 127v-131 (= notre ms. R; *BHG* 766d), un remaniement fait à partir du texte métaphrastique (*Ueberlieferung und Bestand...*, t. 3, p. 400-401). En fait, *BHG* 766d constitue un léger remaniement de *BHG* 766; le texte métaphrastique est un autre *rifacimento* du même modèle *BHG* 766.

d. L'originalité de Syméon Métaphraste

Si certains passages sont restés intacts, ou presque, dans la métaphrase de Syméon, d'autres ont été profondément remaniés; c'est ainsi, par ex., que le prologue a été quasi entièrement récrit.[107] Et si le plan général est resté *grosso modo* le même pour les deux textes, on remarque cependant qu'a disparu l'éloge de Joseph et la prière[108] par lesquels le compilateur de notre texte terminait son morceau; de même, les détails sur l'ascèse de Jacques ont été transférés avant le commentaire de l'Épître.

Notons enfin que, lorsqu'il a repris une citation, qu'il s'agisse d'Eusèbe, de l'Épître de Jacques ou de textes plus connus du N.T., Syméon Métaphraste ne l'a pas vérifiée: il la donne telle qu'il l'a trouvée dans son modèle.

---

[107] Métaphraste a cependant repris l'erreur de référence aux Hypotyposes de Clément d'Alexandrie (cf. ci-dessus, p. 81, n. 9); et il n'a pas craint de redire à son tour que personne avant lui n'avait fait un écrit centré sur Jacques!

[108] Cette prière était fort marquée par les événements contemporains.

Index des noms propres
du texte grec

Index graecitatis*

ἀδελφόθεος, ι, 2 (app.) ; ιι, 3.
ἄδοξος, xιιι, 14.
ἀειπάρθενος, ιιι, 2.
ἀθεράπευτος, v, 2.
ἄθλησις, ιv, 17 (bis).
ἀθυμέω, vιι, 16.
αἰδέσιμος, ιι, 9; vιιι, 18.
αἰνίττομαι, x, 17.
αἴτιος, ιv, 38.
ἀκατάπληκτος, ιv, 16.
ἀκουστός, xι, 8.
ἀκριβόω, xιι, 18.
ἀκροάομαι, ι, 16.
ἀλείφω, ιv, 16, 23; vιι, *17*; x, *13*.
ἀλλόφυλος, xιιι, 8.
ἁμαρτάνω, v, 2; vιι, 5.
ἁμάρτημα, x, 22.
ἁμαρτία, v, *4* (bis); xι, 26 (app.); xιιι, 12.
ἀμάρτυρος, vι, 10; x, 6.
ἀμελέω, vι, 6.
ἀνάβασις, ιιι, 9.
ἀναδείκνυμι, x, 9.
ἀναδέομαι, xιι, 3.
ἀναιρέω, ι, 33.
ἀναλλοίωτος, v, 13.
ἀναστροφή, ιι, 8.
ἀνατίθημι, vιιι, 5.
ἀναφαίρετος, vιι, 7.
ἀνήκεστος, ι, 34.
ἀνιστόρητος, ι, 12.
ἀνόνητος, vι, 20.

ἀντιδίδωμι, ιv, 32.
ἀντιλέγω, ιx, 22; x, 41.
ἀνύω, ι, 22.
ἄνω, xιι, *1* - ἀνωτέρω, x, 3.
ἀξιέραστος, ιx, 19.
ἀξιόω, xιι, 11; xιιι, 8.
ἀπάρχομαι, ιv, 14.
ἀπιστέω, x, 41.
ἀπληστία, vιι, 10.
ἀποκρύπτομαι, xι, 48.
ἀπολούομαι, x, 14.
ἀπολύτρωσις, x, 15.
ἀπονέμω, vιι, 6.
ἄπορος, ι, 47.
ἀποστρέφω, xιιι, 6.
ἁρμόδιος, vι, 13 (app.) - ἁρμοδιώτερος, ιv, 7.
ἄρτι, ιιι, 1.
ἀρύπαρος, vι, 6; xιι, 14.
ἀρχιερεύς, ιx, 19 (app.); x, 31-32 (app.), 45 (app.); xιι, 5 (texte et app.).
ἀρχικός, ιv, 26; vιιι, 1.
ἄρχων, x, 45.
ἄσπιλος, vι, *3*, 6; xιι, 14.
ἀσφάλεια, ι, 4.
ἀτελής, ι, 42.
ἄτρεπτος, v, 13.
αὐθάδης, ιι, 9.
αὖθις, ιv, 28.
ἀφίημι, x, 6; xι, *26*.
ἀφορμή, ι, 24.

---

* Il est bien difficile de discerner ce qu'il faut admettre dans un *index graecitatis* et ce qu'il faut en bannir; l'arbitraire joue nécessairement un grand rôle. Nous avons décidé de laisser tomber d'office les 216 mots qui ne se rencontrent que dans des citations — que notre auteur reprend donc plus qu'il ne tire de son propre fonds ; nous avons également exclu de l'index les 121 mots qui ne se lisent *que* dans l'apparat critique et enfin les 24 mots qui apparaissent à la fois dans les citations et l'apparat critique mais pas ailleurs. Ces catégories une fois exclues, il nous a encore fallu faire un choix très subjectif. Mais nous gardons dans nos papiers un index complet de tous les mots, à l'exception de καί et de l'article. — Des mots que nous avons admis dans le présent index, nous donnons toutes les occurrences, sans exception aucune ; celles se trouvant dans des citations sont indiquées en chiffres italiques, celles qui ne se trouvent qu'en apparat sont suivies du sigle (app.).

ἀφοσιόω, XIII, 1.
ἀψευδής - ἀψευδέστατος, VI, 18.

βλάστημα, XII, 19.
βοηθεία, I, 42.
βοηθέω, VII, 18; XIII, 7.
βοήθημα, IV, 40.

γέννημα, XII, 8.
γνήσιος - γνησιώτατος, XII, 19.
γνωρίζω, IV, 7; IX, 29 (app.).
γνώρισμα, II, 8.
γνῶσις, I, 12; XII, 18.
γογγυσμός, X, 44.
γονυκλισία, X, 23.
γραφή, I, 13, 21; XII, 21.
γυμνάζω, IV, 17.

δαυιτικός, XII, 19, 20.
δειλία, I, 3, 4.
δέσμιος, X, 33.
δεσμός, VII, 2.
δεῦτε, XI, 21.
διαβαίνω, IV, 18.
διαβάλλω, I, 4-5, 5.
διαβεβαιόομαι, IV, 33.
διάδημα, XIII, 3.
διάδοχος, I, 27; XI, 37.
διάθεσις, IV, 23.
διακονέω, VIII, 5.
διάκονος, XII, 4, 15.
διαμαρτάνω, I, 39.
διανοέομαι, I, 14.
διάνοια, I, 43; IX, 26.
διασπορά, IV, 5; XIII, 10.
διαυγής, X, 16.
δίδαγμα, I, 25.
διδασκαλία, I, 27; IV, 12 (app.); VII, 19.
διδασκαλικός, I, 12.
διδάσκαλος, I, 18, 28; V, 21; IX, 18 (app.).
διέξειμι, I, 36.
διεξέρχομαι, III, 10, 11 (app.); X, 1.
διεξοδικῶς, I, 11.
διωγμός, XIII, 10.
διώκω, XIII, 8.
δίωσις, XIII, 10.
δρόμος, I, 22.

ἐγκράτης, II, 10.
ἐγκώμιον, I, 8, 14.
ἐγχειρέω, I, 6.
ἐθέλω, I, 12; VII, 11.

ἔθος, VIII, 3.
εἶδος, VII, 19.
εἰκών, V, 13.
εἴσειμι, X, 21.
εἰσέρχομαι, III, 3; IX, 7; X, 20, 20 (app.), 21 (app.).
εἰσπορεύομαι, X, 18.
ἑκάτερος, III, 8.
ἐκκαθαίρω, XIII, 13.
ἔκκριτος, VIII, 7.
ἐκπαιδεύω, VII, 4; XII, 15.
ἐκπληρόω, VI, 14.
ἐκτελέω, III, 2.
ἐκτομή, VI, 7.
ἐκτός, I, 40.
ἐκτρέπομαι, VII, 12; X, 34-35 (app.).
ἔλεγχος, VII, 8.
ἔλεος (τὸ), VI, 16, 17 (app.); X, 13 (app.) - (ὁ) VI, 17 - (ὁ vel τὸ?), IX, 28.
ἐλλάμπω, XII, 23.
ἐμπαίζω, I, 48.
ἔμπυρος - ἐμπυρώτατος, V, 21.
ἐμφανίζω, IV, 8-9.
ἔνθεν, I, 49; IV, 32.
ἔνθεος - ἐνθεώτατος, XII, 17.
ἐνταῦθα, III, 13.
ἐντεῦθεν, V, 12; VIII, 1.
ἐντρέπω, II, 11.
ἐντυγχάνω, I, 16; IV, 2; VI, 11-12; VII, 20.
ἐξαίρετος, XII, 12.
ἔξειμι, X, 18 - ἐξόν, IV, 5; VII, 20; XI, 42.
ἐξετάζω, III, 10 (app.), 11.
ἐξεταστέος, III, 8.
ἐξιλεόω, XIII, 6.
ἐξίσωσις, IV, 32.
ἐπάγω, VIII, 12.
ἐπαίρομαι, II, 2; IV, 28.
ἐπαλλαγή, IV, 31.
ἐπιγραφή, IV, 3; IX, 25.
ἐπιγράφομαι, V, 7.
ἐπιδείκνυμι, IV, 26.
ἐπίδειξις, VI, 6, 8.
ἐπιδίδωμι, I, 13.
ἐπιδρομή, I, 20; IV, 12.
ἐπιλέγω, II, 7; VIII, 11.
ἐπισκοπή, III, 6.
ἐπισκοπικός, III, 11.
ἐπίσκοπος, IV, 1, 6; XII, 3, 27.
ἐπιστέλλω, VIII, 14; IX, 1; XI, 38.
ἐπιτίθημι, VII, 2.
ἐπίτροπος, XI, 41.
ἐρήμωσις, XIII, 11.

Table des matières